PROFIL Collection
par Georg
D'UNE ŒUV

# LE NEVEU
# DE RAMEAU

## DIDEROT

### Analyse critique

par Daniel COUTY
agrégé des Lettres modernes
assistant de Littérature comparée
à l'Université de Rouen

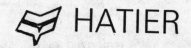 HATIER

ISSN 0750-2516    ISBN 2-218-01909-4

# Sommaire

---

**Note :** Toutes les références au *Neveu de Rameau* renvoient au « Livre de Poche ».

# Ouvertures

Moins qu'avec une quelconque œuvre il ne saurait être question « d'introduire » à la lecture du *Neveu de Rameau*. Il y a quelques années, Michel Launay, ouvrant un séminaire de recherches à l'École Normale Supérieure, déclarait souhaiter « progresser dans la compréhension d'une œuvre encore énigmatique [1] ». Et d'ajouter peu après que le recours aux critiques les plus avisés, loin de faciliter la tâche du lecteur, la complique car « le concert des diderotistes s'avère, sinon discordant, du moins non unanime [2] ».

« Œuvre énigmatique », *Le neveu de Rameau* l'est à tous les niveaux et par quelque côté qu'on l'aborde. Quand fut-il rédigé ? Nul ne peut l'affirmer avec précision : chacun avance ses preuves, se fondant sur une chronologie comparative, appuyant ses hypothèses sur des bribes de correspondance elles-mêmes sujettes à controverse. Le texte actuel est-il définitif ? Sans doute, bien qu'il faille se garder de toute assurance avec un texte si longtemps inconnu, méconnu ou mutilé. Quelle signification donner à cet échange de propos en apparence incohérent ? Là encore le chœur des critiques semble diverger : les uns optent pour un compromis entre les deux interlocuteurs, tandis que d'autres voient dans cet affrontement verbal la victoire de l'un ou l'autre des protagonistes. Qui représentent *Moi* et *Lui* ? Y a-t-il une unité dans ce

1. Michel Launay et Michèle Duchet, *Entretiens sur « Le neveu de Rameau »*, Paris, Nizet, 1967, p. 3.
2. *Ibid.*, p. 7.

dialogue ? Pourquoi avoir intercalé dans les propos des textes descriptifs, des réflexions en aparté ? A quel genre appartient le récit ?...

Dans ce concert d'interrogations, un seul sujet fait l'unanimité des lecteurs : *Le neveu de Rameau* est incontestablement un chef-d'œuvre littéraire qui porte dans l'écriture la marque du génie. Encore convient-il de s'attacher à comprendre les raisons de ce plaisir, de cet « envoûtement » qui saisit le témoin de cette rencontre entre « Monsieur le Philosophe » et ce « fieffé truand de Rameau ».

Les problèmes sont donc nombreux, et sans doute en est-il une foule d'autres que nous ne soupçonnons même pas. Avoir la prétention de les résoudre serait folie. Contentons-nous seulement de les expliquer, avant même de tenter de proposer des directions d'études. La sagesse impose de pénétrer dans cet univers avec prudence : laissons-nous séduire par ce duel et rappelons-nous que pour l'artiste, le fait de poser un problème importe davantage que de le résoudre !

# Diderot, sa vie et son tempérament $\boxed{1}$

## TABLEAU CHRONOLOGIQUE

| VIE ET ŒUVRE DE DIDEROT | ÉVÉNEMENTS CONTEMPORAINS |
|---|---|
| **1713** Naissance à Langres de Denis Diderot. Son père est un bourgeois aisé qui exerce le métier de coutelier. | |
| **1715** Naissance de Denise, qu'il appellera toujours « sœurette ». | Mort de Louis XIV. Régence de Philippe d'Orléans. |
| **1716** Naissance de Jean-François Rameau, le Neveu, et de Henriette dite Sophie Volland. | |
| **1721** | Montesquieu : les *Lettres persanes*. |
| **1722** Naissance de Didier-Pierre Diderot, « l'abbé ». | |
| **1723** Diderot entre au collège jésuite de Langres ; il y demeurera jusqu'en 1728. | |
| **1726** Il reçoit la « tonsure ». | Début du ministère Fleury. |
| **1728** Il vient étudier à Paris au collège janséniste d'Harcourt (selon une autre tradition, il aurait été élève des jésuites à Louis-le-Grand). | Québec aux Anglais. |
| **1730** | Marivaux : *Le Jeu de l'amour et du hasard*. |
| **1731** | Prévost : *Manon Lescaut*. |
| **1732** Il est reçu maître ès-arts de l'Université de Paris. | |

| VIE ET ŒUVRE DE DIDEROT | ÉVÉNEMENTS CONTEMPORAINS |
|---|---|
| **1732-40** La vie de Diderot est mal connue pendant cette période : il aurait été précepteur, et aurait étudié le droit et la théologie. | Voltaire : *Lettres philosophiques.* Marivaux : *Le paysan parvenu.* |
| **1741** Il rencontre Antoinette Champion. | |
| **1742** Il fait la connaissance de Rousseau. | Traité de Berlin entre la Prusse et l'Autriche. |
| **1743** Il est emprisonné par ordre de son père qui refuse son mariage avec Antoinette. Ils s'épousent en secret. | |
| **1744** Naissance d'une fille qui meurt peu après. | |
| **1745** Publication de la traduction de l'*Essai sur le mérite et la vertu* (Shaftesbury). Liaison avec Mme du Puisieux. | Bataille de Fontenoy. Début du « règne » de Mme de Pompadour. |
| **1746** Publication des *Pensées philosophiques* que condamne le Parlement. | Vauvenargues : *Réflexions et Maximes.* |
| **1747** Il reçoit la direction de l'*Encyclopédie* [1] et rédige la *Promenade du sceptique.* | Voltaire : *Zadig.* |
| **1748** Publication des *Bijoux indiscrets.* Il commence son enquête sur les techniques pour l'*Encyclopédie.* | Traité d'Aix-la-Chapelle (fin de la guerre de Succession d'Autriche). Montesquieu : *De l'esprit des Lois.* Richardson : *Clarisse Harlowe.* |
| **1749** Publication de la *Lettre sur les aveugles* qui lui vaut un emprisonnement à Vincennes de 102 jours. | Buffon : *Histoire Naturelle.* Fielding : *Tom Jones.* |
| **1750** Deux de ses enfants meurent en bas âge. Rédaction du « Prospectus » encyclopédique. Il se lie avec Grimm. | Rousseau : *Discours sur les sciences et les arts.* |
| **1751** Publication de la *Lettre sur les sourds et les muets,* et du tome I de l'*Encyclopédie.* | Voltaire : *Le siècle de Louis XIV.* |
| **1752** Début de la Querelle des Bouffons [1]. Il se lie avec d'Holbach. | Voltaire : *Micromégas.* Rousseau : *Le devin de village* (opéra). |

1. Voir plus loin les développements sur la querelle encyclopédique (p. 29-31) et la querelle des Bouffons (p. 26-28).

| VIE ET ŒUVRE DE DIDEROT | ÉVÉNEMENTS CONTEMPORAINS |
|---|---|
| **1753** Naissance de sa fille Angélique. Publication de l'*Interprétation de la nature*. | Moore : *Le joueur* (drame bourgeois anglais). |
| **1754** | Condillac : *Traité des sensations*. |
| **1755** Début probable de sa liaison avec Sophie Volland. | |
| **1756** Diderot commence sa collaboration à la *Correspondance Littéraire* de Grimm. Il rencontre Mme d'Épinay. | Rousseau : *Discours sur l'origine de l'inégalité parmi les hommes*. |
| **1757** *Le fils naturel* suivi des *Entretiens avec Dorval*. Brouille avec Rousseau. | Attentat de Damiens. Début de la Guerre de Sept ans. Palissot : *Petites lettres sur de grands philosophes*. |
| **1758** *Le père de famille* suivi du *Discours sur la poésie dramatique*. | Rousseau : *Lettre à d'Alembert...* Helvétius : *De l'esprit*. |
| **1759** Publication du premier *Salon*. Première lettre à Sophie Volland que nous possédions. | Voltaire : *Candide*. |
| **1760** Rédaction de *La religieuse*. | Palissot fait jouer *Les philosophes*. |
| **1761** *Éloge de Richardson*. Publication du second *Salon*. | Rousseau : *La nouvelle Héloïse*. *Testament* du curé Meslier. |
| **1762** Début de rédaction du *Neveu de Rameau*. | Le Parlement supprime l'ordre des Jésuites. Rousseau : *Émile, Du contrat social*. |
| **1763** Publication du troisième *Salon*. | Traité de Paris. Voltaire : *Traité de la tolérance*. |
| **1764** Diderot découvre qu'à son insu le libraire Le Breton censure l'*Encyclopédie*. | Palissot rédige contre Diderot la *Dunciade*. Voltaire : *Dictionnaire philosophique*. |
| **1765** Il vend sa bibliothèque à Catherine II. Fin de la publication de l'*Encyclopédie*. Quatrième *Salon*. | Réhabilitation de Calas. Sedaine : *Le philosophe sans le savoir*. |
| **1766** | Rameau le Neveu : *La Raméide*. |
| **1767** Cinquième *Salon*. | Voltaire : *L'ingénu*. |
| **1768** | Annexion de la Corse. |

- 9 -

| VIE ET ŒUVRE DE DIDEROT | ÉVÉNEMENTS CONTEMPORAINS |
|---|---|
| **1769** Rédaction du *Rêve de d'Alembert*, de l'*Entretien* et de la *Suite de l'Entretien*. | |
| **1770** Publication des *Deux amis de Bourbonne*. | |
| **1771** Publication du septième *Salon* et du dialogue *Est-il bon ? Est-il méchant ?* | Rousseau termine *Les confessions*. |
| **1772** Mariage de sa fille avec M. de Vandeul. Première édition collective des *Œuvres*. | Cazotte : *Le diable amoureux*. |
| **1773** Rédaction du *Paradoxe sur le comédien*, de *Jacques le Fataliste*. Voyages en Hollande et en Russie. | Le pape dissout l'ordre des Jésuites. |
| **1775** Huitième *Salon*. Plan d'une université pour la Russie. | Beaumarchais : *Le barbier de Séville*. |
| **1776** *Entretien d'un philosophe avec la Maréchale d'°°°*. | |
| **1778** *Essai sur les règnes de Claude et de Néron*. | Mort de Voltaire et de Rousseau. |
| **1781** Neuvième *Salon* | Kant : *Critique de la raison pure*. |
| **1784** Diderot meurt quelques mois après Sophie Volland. | Beaumarchais : *Le mariage de Figaro*. |

Ce rapide tableau permet de situer les grandes œuvres de Diderot dans le cours de sa vie; toutefois, on aura pu le remarquer, nombre d'ouvrages ne furent pas édités du vivant de leur auteur : c'est que l'écrivain jugeait dangereux de publier des textes dans lesquels il laissait vagabonder sa plume acide... L'expérience de Vincennes suffisait. Aussi, pendant longtemps après sa mort, Diderot ne fut-il qu'un écrivain secondaire dont le grand mérite était d'avoir mené à bien l'*Encyclopédie*. Ce n'est que peu à peu que s'est imposée l'image de l'artiste de génie que fut l'auteur du *Neveu de Rameau*. De cette chronologie posthume, quelques dates méritent d'être retenues :

1785 Schiller publie dans une traduction allemande l'épisode de Madame de la Pommeraye extrait de *Jacques le Fataliste*.

1796 Publication de *Jacques le Fataliste*, de *La religieuse* et du *Supplément au voyage de Bougainville*.

1805 Traduction allemande du *Neveu de Rameau* par Goethe.

1821-3 Édition Brière des *Œuvres* de Diderot.

1830 Publication du *Rêve de d'Alembert* et du *Paradoxe sur le comédien*.

1875-77 Édition Assézat-Tourneux des *Œuvres* (20 vol.).

1891 Découverte et publication du manuscrit du *Neveu de Rameau* par Monval.

1948 Découverte du Fonds Vandeul par Herbert Dieckmann.

Et, contrairement à ce qui se passe avec la plupart des textes, « rien ne permet d'assurer qu'on ne verra pas surgir de quelque inventaire après testament, de quelque librairie d'Allemagne ou de quelque bibliothèque de Russie, un autre *Neveu de Rameau* » ainsi que le souligne prudemment M. Jean Fabre [1].

## LE LIBERTINAGE INTELLECTUEL

L'image du Philosophe traquant ses « catins » (p. 11) au début de l'ouvrage donne une idée assez exacte de Diderot. Peu d'hommes ont été aussi mobiles que le Langrois. Ou plus exactement, il n'en est guère qui ne se soit dépeint aussi volontiers hésitant, prêt à suivre l'idée surgie dans l'éclair de l'instant pour courir, aussitôt après, la pensée contradictoire. Il y a quelque chose de vital dans cet incessant affrontement de l'imagination : René Pomeau a sans doute trouvé le juste ton lorsqu'il explique cette attitude par une « attirance quasi érotique » qui le rend « insoucieux des écarts » et même « excité par la passade [2] ».

Diderot aurait peut-être souscrit à ce portrait, lui qui trouvait trop figé celui que venait de lui brosser le peintre Van Loo. Ne s'évertuait-il pas dans sa correspondance à

1. Jean Fabre, Éd. critique du *Neveu de Rameau*, Genève, Droz, p. VIII.
2. René Pomeau, *Diderot*, Paris, P.U.F., p. 11.

montrer les mille facettes d'un visage sans cesse en mouvement : « J'avais en une journée cent physionomies diverses, selon la chose dont j'étais affecté. » De telles phrases, auxquelles s'ajoute la célèbre comparaison des Langrois à la tête mobile comme la girouette, ont contribué à faire de Diderot un inconstant, sans rigueur ni logique dans la pensée. C'était méconnaître le génie particulier de cet homme toujours en quête d'un idéal conciliant les exigences du cœur et les vertus de la raison.

S'il n'a jamais affirmé une idée sans la faire suivre aussitôt de son négatif, c'est parce que Diderot n'est pas de ceux qui ont trouvé quelque chose : plus exactement, sa vérité ne se situe pas au terme d'une analyse, mais dans le moment même où tente de se réaliser la synthèse des contraires. Lorsqu'il parlait à ses proches de « sa » philosophie, Diderot prévenait toutes les interprétations superficielles qui refusèrent de voir la cohérence de son système; plus ambitieux que n'importe lequel de ses contemporains, ce boulimique du savoir toucha à tous les sujets et les marqua de sa patte originale : le dynamisme d'une pensée en quête d'elle-même.

# Genèse et édition du « Neveu de Rameau »   | 2 |

« Curiosité assez vaine, écrit Goethe, que celle qui aurait pour objet de déterminer avec précision l'époque à laquelle Diderot a composé cet écrit. » C'est pourtant Goethe qui, le premier, entreprend de dater *Le neveu de Rameau* et de préciser les étapes de sa composition. Il aura, dans cet ordre de recherches, de nombreux continuateurs. Vaine ou non cette curiosité n'est pas aisée à satisfaire et encore aujourd'hui, faute de certitudes, on doit se contenter de conjectures vraisemblables.

## UNE SECRÈTE MATURATION

L'érudit se heurte d'abord à un silence : aucun témoignage, pas la moindre allusion au *Neveu de Rameau* ne nous ont été transmis par le XVIIIe siècle. Qu'un tel chef-d'œuvre n'ait pas été édité du vivant de l'auteur ou, à tout le moins, connu dans son entourage, ne laisse pas d'étonner. Faut-il admettre que Diderot, qui faisait pourtant si peu mystère de ses écrits, ait décidé, pour une fois, d'être son seul lecteur ? Sa correspondance est bien souvent une chronique de son travail d'écrivain et l'on peut, grâce à elle, dater avec précision plusieurs de ses œuvres. Sur *Le neveu de Rameau*, elle reste muette ; beaucoup de lettres de Diderot, il est vrai, ont été détruites ou perdues. Jean-François Rameau est bien connu dans l'entourage de Diderot, Grimm l'évoque à plusieurs reprises dans sa *Correspondance littéraire* ; nul ne semble pourtant se douter que Diderot en a fait le héros d'un dialogue.

C'est donc dans l'œuvre elle-même qu'il faut chercher des

indices qui permettraient de la dater. *Le neveu de Rameau* est riche en allusions à des faits contemporains qu'il est souvent possible de situer dans le temps. Ainsi, la comédie des *Philosophes*, de Palissot, fut représentée en 1760, la même année que *L'île des fous* de Duni; en août 1761 c'était le tour de l'opéra de Philidor, *Le maréchal-ferrant*. Une allusion à la réforme parlementaire de Maupéou ne peut pas être antérieure à 1771; de même, la mention des *Trois siècles de la littérature française*, ouvrage attribué à l'abbé Sabatier de Castres, prouve que le passage date, au plus tôt, de 1772. La conclusion est évidente : *Le neveu de Rameau* n'a pas été composé d'un seul jet; au contraire, l'histoire de sa genèse s'étend sur plusieurs années. En outre, comme le note M. Fabre, « l'autrefois de Rameau s'inscrit, dans le temps, postérieurement à son aujourd'hui »; la chronologie de l'œuvre se moque de l'exactitude historique : Rameau cite, parmi les derniers spectacles à la mode, la *Soirée des Boulevards* et le *Fils d'Arlequin*, or la première pièce date de 1758 et la seconde de 1761. Cet exemple, entre bien d'autres, montre qu'il serait vain de vouloir fixer la date de chaque passage de l'œuvre, pas plus qu'il n'est possible d'isoler un noyau originel sur lequel se serait peu à peu édifiée l'œuvre définitive. Diderot ne se contente pas de juxtaposer et d'accumuler des éléments disparates; à plusieurs reprises, en l'enrichissant, il reprend l'œuvre en son entier, la refond et la modèle jusqu'à sa forme dernière; il en préservait ainsi l'unité que l'on conteste de moins en moins et que Goethe, déjà, soulignait : « Quel enchaînement dans ce dialogue! Ceux qui croiraient y voir le décousu et l'incohérence d'une conversation seraient bien trompés : il n'en a que la vivacité. Tout s'y tient, tout y est lié d'une chaîne invisible et pourtant réelle... une chaîne d'acier qu'une guirlande dérobe à nos yeux. »

## CONVERGENCES

Cette rencontre unique d'art consommé et de vivacité primesautière se trouve éclairée par l'enquête chronologique. En recherchant des convergences entre *Le neveu de Rameau* et Diderot lui-même, aussi bien l'homme que le philosophe, on précise des dates, certes, mais on montre aussi comment l'œuvre participe du mouvement de la vie et de la pensée de son créateur.

Il n'est que de parcourir la correspondance de 1760 pour se rendre compte que c'est alors que débute la genèse du *Neveu de Rameau;* une lettre à Sophie Volland du 26 octobre contient d'aigres remarques sur la comédie de Palissot dont la première avait eu lieu le 2 mai de la même année : « Il y a six mois qu'on s'étouffait à la comédie des *Philosophes.* Qu'est-elle devenue? Elle est au fond de l'abîme qui reste ouvert aux productions sans mœurs et sans génie; et l'ignominie est restée à l'auteur. » Quelques jours auparavant, il avait raconté à Sophie l'histoire du jeune homme de Carthagène (p. 60-61). Le récit de la correspondance, un peu plus détaillé, est écrit à la première personne; on jugera de la différence de ton : « Cependant la mélancolie, qui m'a promené dans toutes les contrées du monde, m'avait conduit à Carthagène. Ce fut là que j'appris le désastre et la détresse de mes parents. Je tâchai de les consoler et de les tranquilliser pour le présent et sur l'avenir. Je vendis le peu que j'avais et je leur en envoyai le prix. Jetant ensuite les yeux sur les fortunes rapides qui se faisaient autour de moi, je me mis à commercer. Je réussis. En moins de sept ans de temps je fus riche. Je me hâtai de revenir. Je rétablis mes parents dans l'aisance; je châtiai mon frère; je mariai mes sœurs, et je fus, je crois, l'homme le plus heureux qu'il y eût au monde. » Et Diderot ajoute, parlant du père Hoop auquel est attribuée l'histoire : « En achevant ce récit, il avait l'air fort touché. » Les tournures de phrases elles-mêmes semblent attester que les deux récits sont contemporains; la lettre du 28 octobre contient cette formule, frappante pour tout lecteur du *Neveu de Rameau :* « Beau ou laid, j'ouvre ma fenêtre et je prends l'air. »

L'année suivante est à peine moins riche en convergences remarquables, à commencer par la rupture, racontée à Sophie dans les lettres de septembre et d'octobre, entre Bertin et M$^{lle}$ Hus (cf. Appendice, p. 73). Diderot rapporte, dans une lettre du 2 octobre 1761, les confidences de M$^{me}$ Le Breton, qui esquisse le portrait du chevalier de la Morlière (p. 63-64) : « Un homme prend un habit bleu; il attache une aiguillette sur son épaule; il suspend à son côté une longue épée; il charge de plumes son chapeau; mais il a beau affecter une démarche fière, relever la tête, menacer du regard, c'est un lâche qui a tous les dehors d'un homme de cœur. » Et la femme hypocrite (p. 64), c'est elle-même : « Quand je suis réservée, sérieuse, composée, c'est que je ne suis pas moi. J'ai un air d'église, un air du monde ; un air de comptoir ; un air de maîtresse. Voilà ma vie grimacière. Ma vie réelle, mon vrai visage, mon allure naturelle, je la prends rarement, mais c'est autre chose. Je la garde peu [...] Et puis je me renferme, et me voilà sous le voile. Quand je suis moi avec les autres, il est rare que je ne m'en repente pas à l'église. »

Deux images du Palais-Royal apparaissent dans lac orrespondance de septembre-octobre 1762 ; d'abord celle d'un « jeune libertin » en promenade : « Il voit là un petit nez retroussé, des lèvres riantes, un œil éveillé, une démarche délibérée, et il s'écrie : « Oh ! qu'elle est charmante ! » Ensuite celle des joueurs d'échecs : « Je me rabattis au café de la Régence. C'est le rendez-vous des joueurs d'échecs de la grande classe. J'y trouvai toutes les têtes partagées sur un coup bizarre que voici [...]. » Le thème du génie et de ses rapports avec la méchanceté est particulièrement fréquent dans la correspondance de cette époque (cf. p. 20-24) ; ainsi cette réflexion du 18 juillet : « C'est que presque toujours ce qui nuit à la beauté morale redouble la beauté poétique. On ne fait guère que des tableaux tranquilles et froids avec la vertu ; c'est la passion et le vice qui animent les compositions du peintre, du poète et du musicien. » Et le 31 juillet : « S'il faut opter entre Racine méchant époux, méchant père, ami faux et poète sublime, et Racine bon père, bon époux, bon ami et plat honnête homme, je m'en tiens au premier. De Racine méchant, que reste-t-il. Rien. De Racine homme de génie, l'ouvrage est éternel. » En 1762, Diderot écrit un dialogue qu'il intitule *Lui et moi ;* le sujet en est l'ingratitude d'un avocat auquel Diderot est venu en aide et qui écrit une satire contre son bienfaiteur. Selon M. Leutrat, le dialogue pourrait apparaître « comme une ébauche du *Neveu de Rameau* ». En effet, « les points de rencontre ne manquent pas : entretien entre le philosophe et un escroc ; le premier ne ménage pas l'autre qui reconnaît volontiers sa turpitude ; horreur qu'inspire Lui à son interlocuteur ; état déplorable dans lequel se trouve l'impudent personnage lorsqu'il rencontre tout à fait par hasard Moi ; allusion à une satire contre Diderot et ses amis payée quatre louis par un de leurs ennemis ; comme il fait froid, Lui propose à Moi d'entrer au café : « J'ai un plaisir infini à causer avec vous », lui dit-il ; à quoi il est répondu : « Moi, je ne saurais souffrir les gens sans caractère. Quand on a le vice, encore faut-il savoir en tirer parti[1]. » Comme le neveu, Lui est doué d'un remarquable talent de conteur, le même que Diderot remarquait en 1760 chez l'abbé Galiani (cf. p. 133) : « Les contes de l'abbé sont bons, mais il les joue supérieurement. On n'y tient pas. Vous auriez trop ri de lui voir tendre son col en l'air, et faire la petite voix pour le rossignol ; se rengorger et prendre le ton rauque pour le coucou ; redresser ses oreilles et imiter la gravité bête et lourde de l'âne ; et tout cela naturellement, et sans y tâcher. C'est qu'il est pantomime depuis la tête jusqu'aux pieds. »

Il semble que dans les années qui suivent, et probablement jusqu'en 1767, Diderot laisse de côté le texte du *Neveu de Rameau* ; si les *Salons* font souvent écho aux thèmes du dialogue, les rapprochements qu'ils suggèrent indiquent, tout au plus, une continuité de préoccupations. Les écrits de l'année 1767, en revanche, ont permis à M. Leutrat de formuler l'hypothèse d'une révision du *Neveu de Rameau* à cette époque. Le « ministre du roi de France » qui démontre que rien n'est « plus utile aux peuples que le mensonge » (p. 18) semble bien être Choiseul auquel Diderot fait allusion dans une lettre à Falconet de mai 1767 : « Un freluquet sans lumière et sans pudeur dit intrépidement à sa table que l'ignorance fait le bonheur des peuples [...] Et cela s'appelle un ministre ! » Le neveu est attentif aux catégories de la société et précise quel est le rôle des « espèces » (cf. p. 91 et 116) ; le *Salon de 1767* revient sur ce problème : « Il faut partager une nation en trois classes : le gros de la nation qui forme les mœurs et le goût national ; ceux qui s'élèvent au-dessus sont appelés des fous, des hommes bizarres, des originaux ; ceux qui descendent au-dessous sont des plats, des espèces. » Enfin, le thème de l'éducation des enfants, qui revient si souvent dans *Le neveu de Rameau*, correspond à l'attention que Diderot porte, à cette époque, sur les progrès de sa fille Angélique.

Quelques éléments permettent de penser que la genèse du *Neveu de Rameau* se poursuit encore en 1771-1772 pour ne s'achever qu'aux alentours de 1774-1775 et peut-être même, selon M. Fabre, 1777 ou 1779. Il n'est pas aisé, on

1. Jean-Louis Leutrat, Autour de la genèse du *Neveu de Rameau*, Revue d'Histoire Littéraire de la France, mai-août 1968, p. 432.

le voit, de dresser une chronologie précise de la genèse du *Neveu*. Si le dialogue lui-même se situe très vraisemblablement en 1761, l'œuvre poursuit sa maturation au long d'une dizaine d'années. L'œuvre contient un certain nombre d'éléments qu'il est possible de dater avec précision; ils pourront servir de points de repère :

1758 Représentation de *Soirée des boulevards*.

1760 *Les philosophes* de Palissot.
     *L'île des fous* de Duni.

1761 Jean-François Rameau perd sa femme et son enfant.
     Angélique Diderot, née en 1753, a huit ans.
     Rupture entre Bertin et M<sup>lle</sup> Hus.
     Disparition de *l'Observateur littéraire*.
     *Fils d'Arlequin*.
     *Le maréchal-ferrant*.

1762 Création de *La plaideuse*.

1771 Réforme parlementaire de Maupéou.

1772 La Guimard remplace la Deschamps.
     *Les trois siècles de la littérature française*.

1775 Organisation du Concert des amateurs.

On voit combien *Le neveu de Rameau* est ancré dans la vie, dans la pensée et dans l'époque de Diderot. Mais son « réalisme » n'est pas un souci de réalité historique; si la chronologie est embrouillée c'est que le dessein de Diderot n'était pas d'écrire une chronique ou de peindre une « tranche de vie »; de même, la polémique est peut-être à l'origine du dialogue, elle n'en est pas l'essentiel : *Le neveu de Rameau* est une œuvre d'art beaucoup plus que l'instrument d'une vengeance personnelle. « Dans l'intention première de l'œuvre, note excellemment M. Fabre, il est impossible de découvrir autre chose qu'un mobile gratuit : le plaisir de l'écrire, sous la poussée directe de la vie. »

# MANUSCRITS ET ÉDITIONS
# DU « NEVEU DE RAMEAU »

La première édition des œuvres de Diderot est publiée en 1798 par Naigeon à qui le philosophe, quelques années plus tôt, avait confié une partie importante de ses manuscrits; or, si Naigeon fait dans son introduction une brève allusion au *Neveu de Rameau*, le texte du dialogue ne figure pas dans son édition; on ignore la raison de cette omission. C'est Goethe qui, en 1805, publie le texte pour la première fois, dans une traduction dont il est lui-même l'auteur. Malheureusement, le manuscrit qu'il avait utilisé disparut peu après. Il fallut attendre seize ans pour que deux éditeurs français entreprennent de publier une retraduction de la version de Goethe, sous forme d'un supplément à leur médiocre édition des œuvres complètes. Deux ans plus tard, en 1823, un jeune éditeur, Brière, entreprend une nouvelle édition, fondée cette fois sur un manuscrit qu'il tient de Mme de Vandeul, la fille de Diderot; mais Brière prend des libertés avec le texte, le censure et, pour comble, égare le précieux manuscrit qu'on lui avait confié! En 1875, Assézat utilise une autre copie à laquelle il ne fait subir aucune modification. Tourneux donne, en 1884, une édition encore améliorée, mais l'origine des copies utilisées reste incertaine. C'est alors que par hasard, en 1890, Georges Monval, bibliothécaire de la Comédie-Française, fait une découverte inespérée : dans les boîtes d'un bouquiniste il découvre une copie du *Neveu de Rameau* de la main même de Diderot, texte impeccablement calligraphié et parfaitement lisible. Il publie l'année suivante dans la bibliothèque Elzévirienne une édition fondée sur ce nouveau manuscrit qui est devenu, sous le nom de « manuscrit Monval », la base de toutes les éditions modernes du *Neveu de Rameau;* il est conservé aux États-Unis, à la Pierpont Morgan Library.

# 3 | Résumé du « Neveu de Rameau »

Une œuvre aussi diffuse en apparence que ce dialogue résiste à toute entreprise de contraction : l'enchaînement des propos (voir « la structure du *Neveu du Rameau* ») montre que la discussion, malgré son apparent désordre, obéit à une rigoureuse dialectique. Il nous a cependant paru utile de présenter un « sommaire » aussi détaillé que possible de la joute verbale de Rameau et du Philosophe de manière que le lecteur puisse retrouver rapidement des points d'attache au sein de la conversation. Nous avons mis entre crochets les pantomimes du Neveu, et divisé en grands épisodes la discussion des deux interlocuteurs.

## Prologue (p. 11-14)

« Un après-dîner », au Café de la Régence, le narrateur se fait aborder par le Neveu de Rameau, un original fantasque qu'il estime peu mais dont il aime à l'occasion les propos révélateurs : « C'est alors que l'homme de bon sens écoute, et démêle son monde » (p. 13).

## 1. L'homme de génie et la société (p. 15-27)

Par la critique des joueurs d'échecs présents dans le Café, la conversation s'engage sur les « hommes sublimes » seuls dignes d'intérêt aux yeux du Neveu. On parle de la vie de Rameau, de sa barbe, de son ventre et de son oncle le musicien, « avare, mauvais père, mauvais époux, mauvais oncle » (p. 20). De cet exemple, Rameau le Neveu infère que « le mal

ici-bas est toujours venu par quelque homme de génie ».
Quelle est donc la place de l'homme de génie dans la société ?
Quel est son comportement avec ses familiers ? Que vaut-il
mieux être, homme de génie ou banal négociant ? A toutes
ces questions, le Neveu répond en « gueux » préoccupé du
lendemain : Racine s'il eût été épicier « eût amassé une fortune immense et il n'y aurait eu sorte de plaisirs dont il
n'eût joui » (p. 21), alors qu'en écrivant ses tragédies il
« n'a été bon que pour des inconnus et que pour le temps où
il n'était plus » (p. 22). La discussion glisse à l'ordre général,
et Rameau mime en parlant la vie de l'homme heureux (p. 26).

## 2. Le parasitisme comme philosophie (p. 27-40)

Jouant le fanfaron, Rameau se présente comme « un fieffé
truand, un escroc, un gourmand » (p. 28), autant de « qualités »
qui le faisaient apprécier dans le cercle de la comédienne
M^{lle} Hus. Mais un jour, pour avoir voulu montrer du « bon
sens », il fut chassé de ce petit paradis (p. 29-31). Le
Philosophe lui suggère d'implorer le pardon de sa pro-
tectrice, ce que Rameau ne saurait accepter [il mime la
supplication à Hus, p. 31], pas plus qu'il ne désire assumer
son état de gueux : comment, lui, Rameau, pourrait-il vivre
si misérablement avec son talent de flatteur [il mime la
séduction de la jeune fille par le proxénète, p. 34-5] ? D'ailleurs
cette attitude ne vient-elle pas renforcer la sagesse dernière
de l'homme : « Au dernier moment, tous sont également
riches... *O stercus pretiosum !* » (p. 37). [Puis il mime successivement le joueur de violon et le clavecinniste pour montrer
ses talents, p. 38-40.]

## 3. L'éducation des jeunes filles (p. 40-46)

Des capacités de Rameau on passe à l'éducation de la fille
du Philosophe : à ce dernier qui réclame un enseignement
classique, Rameau oppose le « danger » et « l'inutilité » de
ces fadaises. Et puis, existe-t-il seulement quelqu'un capable
de véritablement dominer sa science pour l'inculquer aux
autres ?

## 4. Les « idiotismes moraux » (p. 46-59)

Le Neveu, quant à lui, explique sa technique d'enseignement de la musique : « Autrefois je volais l'argent de mon écolier, oui, je le volais, cela est sûr. Aujourd'hui je le gagne, du moins comme les autres » (p. 53). Dans cette évolution se manifeste ce que *Lui* appelle les idiotismes moraux, autrement dit les « exceptions à la conscience générale » (p. 51). Pour mieux soutenir son propos, Rameau use de nombreux exemples : la vérité et le mensonge en politique, le renversement du proverbe « bonne renommée vaut mieux que ceinture dorée », l'ordre social existant contre lequel il est en perpétuelle révolte... Peu à peu, le Neveu se sent de plus en plus assuré face à son interlocuteur : dans une suite de répliques stichomythiques, il affirme la suprématie de son immoralisme contre le traditionalisme de *Moi* (p. 56-58).

## 5. Discussion sur le bonheur (p. 59-70)

Si le Philosophe soutient que le vrai bonheur réside dans le secours au malheureux (« C'est un sublime ouvrage que *Mahomet*, j'aimerais mieux avoir réhabilité la mémoire des Calas », p. 60), le Neveu oppose la nature réelle du monde dans lequel il voit « une infinité d'honnêtes gens qui ne sont pas heureux, et une infinité de gens qui sont heureux sans être honnêtes » (p. 61), affirmant ainsi qu'il peut faire son « bonheur par des vices qui lui sont naturels » (p. 62). C'est là pour Rameau l'occasion de nous fournir un nouvel exemple de sa « souplesse » devant ses protecteurs [il mime le gros Bertin, p. 66].

## 6. La flatterie, somme esthétique (p. 70-77)

Seul parmi les nombreux parasites de son espèce il a été capable d'élever la flatterie à un niveau esthétique : qu'on l'écoute parler du « petit chien de Bouret » (p. 71) et l'on comprendra que n'est pas flatteur qui veut! Jusqu'à quel point pousse-t-il le jeu lorsqu'il déclare combien l'attitude « admirative du dos [...] est commode pour rire en dessous de l'impertinent qu'on admire » (p. 72-3)! Que n'écrit-il un traité pour consigner les recettes de son art? Retrouvant le fil de ses propos, Rameau réaffirme la supériorité du génie sur la technique, de l'invention sur le précepte... même en flatterie : « On avale à pleine gorgée le mensonge qui nous flatte, et l'on boit goutte à goutte une vérité qui nous est amère » (p. 76). Pourtant, aussi habile soit-il, Rameau a péché une fois contre son art (voir p. 30) et cela lui valut la disgrâce de ses protecteurs.

## 7. La « ménagerie » Bertin (p. 77-93)

Chez le financier Bertin grouillait un monde au sein duquel le Neveu tenait un rôle non négligeable : pêle-mêle s'y côtoient les petits poètes et les médiocres musiciens, tous ennemis des Philosophes qu'ils éreintent du plus qu'ils peuvent. Ce fut là une école pour le Neveu qui fut « dédommagé de la perte de son innocence par celle de ses préjugés » (p. 80). De l'observation directe des mœurs, Rameau passe à la lecture qui lui offre « une morale en action » : de la « synthèse » des deux, *Lui* tire une « fécondité surprenante » lorsqu'il scrute les travers des gens (p. 82). Une nouvelle fois Rameau fait l'éloge de sa situation de « fou » : car il est plus difficile de bien réussir en « sottise qu'en talent ou en vertu » (p. 86). Puis il réclame pour lui-même et ses semblables le droit de ne pas jouir de la considération publique, en raison de son attitude honteuse.

## 8. La morale du Neveu : « le sublime dans le mal » (p. 93-101)

Devant l'étonnement du Philosophe (« Pourquoi me montrer toute votre turpitude ? », p. 94), Rameau entame alors un cynique et enthousiaste plaidoyer du « sublime dans le mal ». Il conte l'histoire du renégat d'Avignon, qui, non content d'être un « coquin méprisable », parvient au « sublime de la méchanceté » en étant le « délateur de son bon ami » (p. 99). Tandis que le Neveu, excité par ses propres propos [mime un chant de triomphe, p. 100], son interlocuteur, visiblement indisposé par une telle attitude, change le cours de la conversation.

## 9. La « Querelle des Bouffons » (p. 101-114)

La discussion s'engage alors sur l'art musical comme « imitation » : le Philosophe établit un parallèle entre musique et morale (« Quand je prononce le mot chant, je n'ai pas de notions plus nettes que vous et la plupart de vos semblables quand ils disent : réputation, blâme, honneur, vice, vertu... », p. 102); le Neveu, admirateur des œuvres italiennes, s'attache à montrer que le chant est une « imitation des accents de la passion » (p. 103). La polémique se développe à propos des opéras bouffes transalpins : Rameau condamne les œuvres françaises (« du tintamarre pour de la musique ») et vante les mérites de sa « trinité » (p. 106) artistique fondée sur le vrai, le bon et le beau. [Là-dessus, il mime les airs d'opéras, p. 107-9, puis les différents instruments de l'orchestre sous les yeux étonnés des consommateurs attirés par le bruit, p. 109-111.] Puis revenant à son propos il affirme que « l'art de la poésie lyrique est à naître » et qu'il faut suivre le « cri animal de la passion » qui doit nous « dicter la ligne qui nous convient » (p. 112).

## 10. L'éducation du fils Rameau (p. 114-123)

Fatigué par ses efforts, le Neveu est désormais sous la domination du Philosophe : celui-ci s'étonne d'un tel décalage entre la « sensibilité pour les beautés de l'art musical » et l'aveuglement « sur les belles choses en morale » de son vis-à-vis. A quoi Rameau oppose simplement l'atavisme : « La molécule paternelle était dure et obtuse » (p. 115). De là vient que l'éducation que le Neveu donne à son fils tient largement compte de ce fait : loin de vouloir en faire un être déchiré entre des aspirations morales apprises et une gueuserie naturelle, il entend que « son fils soit heureux, ou, ce qui revient au même, honoré, riche, puissant » (p. 120). C'est pourquoi, dès maintenant il prépare son enfant à cette jungle en lui apprenant le respect de l'or (p. 118).

## 11. Rameau le « raté » (p. 123-132)

Une dernière question brûle les lèvres de *Moi* : pourquoi Rameau n'a-t-il « rien fait qui vaille » ? C'est que la nature ne le gâta guère en le façonnant [il mime la nature « fagotant les pagodes », p. 124], que ses fréquentations n'encourageaient pas la création artistique, qu'enfin il ne s'était jamais senti « le courage » de « sacrifier son bonheur à un succès incertain » (p. 126). Et pourtant il a tenté de réussir à franchir les marches de la célébrité [il mime par dérision le chanteur de rue et le pauvre, p. 130]. Au Philosophe qui explique la situation de l'homme au sein de la société par la volonté de la nature, Rameau répond qu'il n'y trouverait rien à redire s'il n'était tenu d'« exécuter des positions » pour manger et gagner son pain [il mime les courtisans, les valets et les gueux, p. 132].

## Épilogue (p. 132-139)

Il existe pourtant un être dispensé de « prendre des positions » : pour Rameau c'est le Roi. *Moi* répliqué que ce dernier est pourtant tenu d'exécuter ce rite « devant sa maîtresse et devant Dieu » (p. 133) tandis que [le Neveu mime le « grand branle de la terre, p. 134]. Il semble par conséquent que le seul être qui soit dispensé de la pantomime soit le philosophe « qui n'a rien et qui ne demande rien » (p. 134-7) tout comme le fut la femme de Rameau elle-même [dont il imite la démarche, p. 138].

La conversation se termine : Rameau part pour l'Opéra, lançant, dans une pirouette finale, un dernier défi à son interlocuteur : « Rira bien qui rira le dernier. »

Trois remarques s'imposent d'emblée à la lecture du *Neveu de Rameau* :

- le dialogue forme un tout homogène qui ne se laisse pas facilement découper. Les répliques s'enchaînent les unes aux autres par les seuls caprices de la conversation. Point d'artifice, mais d'imperceptibles glissements d'un sujet à un autre par le truchement d'un terme, d'une idée ou d'un geste.

- dans cet échange, *Lui* domine incontestablement par le nombre et la longueur de ses répliques. Il apparaît cependant que cet avantage n'est que verbal et qu'en réalité c'est *Moi* qui tire les ficelles de la conversation et la fait rebondir à son gré.

- enfin, l'ensemble donne l'impression d'une parfaite maîtrise technique : le ton, le rythme ou le mouvement même des répliques traduisent plus qu'un art. Le dialogue est ici vital.

# 4 L'arrière-plan historique et la satire

Bien que ce ne soit pas l'aspect majeur du dialogue, *Le neveu de Rameau* est une œuvre d'actualité et de polémique. Les attaques contre la clique des Palissot et des Fréron font revivre certains aspects de la bataille encyclopédique dans laquelle Diderot occupait la toute première place, de même que les allusions fréquentes à la musique italienne ravivent les souvenirs de la « Querelle des Bouffons » pourtant déjà ancienne. S'étonnera-t-on dès lors que Diderot ait donné pour sous-titre de son ouvrage le terme de « satire » ?

## LA « QUERELLE DES BOUFFONS »

C'est l'épisode le plus marquant de la rivalité entre les tenants de la musique française et ceux de la musique italienne, entre les anciens et les modernes en matière de musicologie.

Jusqu'à la fin du XVIᵉ siècle, la suprématie musicale des Français s'impose aux centres artistiques méridionaux : rien d'étonnant dès lors que Palestrina ait eu pour maîtres des compositeurs comme Firmin Le Bel ou Robin Mallapert, « patronymes fort peu répandus dans le pays qu'arrose le Tibre [1] ». Or, dès le XVIIᵉ siècle apparaît une opposition ente les musiques issues de part et d'autre des Alpes : « Les Italiens représentent avec une violence étrange la passion, au lieu que les Français se contentent de flatter l'oreille et qu'ils usent d'une douceur perpétuelle dans leurs chants »

1. E. Borrel, *Histoire de la Musique*, t. 2, Paris, Encyclopédie de la Pléiade, 1963, p. 26.

souligne un auditeur de 1636. Très rapidement donc, se greffe sur cette question de rythme un conflit de tempérament national : Lully (1632-1687), pourtant italien, comprend qu'il lui faut cependant faire de la musique « à la française », tandis que Marc-Antoine Charpentier s'affirme comme un défenseur acharné de l'Opéra italien. Quelques individualités de talent : Lalande, Leclerc, Couperin, tentent de réaliser une synthèse des deux tempéraments. En vain! le conflit s'envenime et Fréron engage véritablement les hostilités en 1749 : « On s'accoutume à voir danser les bergers sur des airs de Démons; on souffre une déclaration d'amour précédée ou soutenue de préludes et d'accompagnements effrayants... Nous allions renoncer à être Français, abjurer notre patrie pour adopter des accents incompatibles avec la douceur et la sagesse de notre langue, et totalement opposés à la tendresse de nos sentiments. »

C'est donc dans un climat tendu qu'eut lieu le 1$^{er}$ août 1752 la première représentation de la troupe italienne des Bouffons : ils donnent *La servante maîtresse*, dont les héros sont des gens du peuple se mouvant dans un décor sobre mais réaliste. Le succès est éclatant. Dès ce moment la « querelle » entre dans sa phase active : à la suite des critiques, nous distinguerons deux périodes essentielles, que sépare la *Lettre sur la musique française* de Jean-Jacques Rousseau (15 novembre 1753).

Dans un premier temps, la lutte se circonscrit essentiellement aux représentations de l'Opéra Bouffe : « Tout Paris se divisa en deux partis plus échauffés que s'il se fût agi d'une affaire d'État ou de religion. L'un, plus puissant, plus nombreux, composé des grands, des riches et des femmes, soutenait la musique française; l'autre, plus vif, plus fier, plus enthousiaste, était composé des vrais connaisseurs, des gens à talents, des hommes de génie » écrira plus tard l'auteur des *Confessions*. En novembre 1752, d'Holbach lance sa *Lettre à une dame d'un certain âge sur l'état présent de l'opéra*, qui sous l'affectation du scandale dénonce « notre musique gothique et barbare qui a fait assez longtemps notre ennui et la risée des étrangers ». Au début de l'année suivante, Grimm entre à son tour en jeu : dans son *Petit prophète*, l'auteur, imitant les pages de l'*Ancien Testament*, réclame un renouvellement de la scène lyrique française par le principe italien. Peu de temps après, paraît la riposte de l'abbé de Voisenon qui affirme que « Rameau est certainement le premier homme de son siècle ». Diderot réclame à son tour le droit de prouver, non sans ironie, que « les farces de Molière sont mauvaises parce que les tragédies de Racine et de Corneille sont bonnes ». Dans cette « guerre étrangère et civile », comme le remarque pertinemment Cazotte, le débat est en fait vicié à l'origine : on se borne à vouloir opposer un genre noble (la tragédie lyrique française) à une farce musicale (l'opéra bouffe). Les pamphlets se multiplient néanmoins des deux côtés : leurs auteurs y font preuve de « beaucoup d'esprit, et beaucoup plus de méchanceté » (Diderot). Mais cette multitude de petites bombes ne portait pas de coups sérieux : avec l'entrée de Rousseau dans l'arène, le débat allait changer de visage.

Voulant dépasser les stériles disputes, le Genevois aborde le problème en technicien : mais sa *Lettre* n'est qu'un « extraordinaire mélange d'incompétence, d'incompréhension et de parti pris [1] ». Son argumentation se fonde sur les rapports du langage musical et de la langue : le français étant un idiome factice, il est impossible qu'il existe une musique française, alors que l'italien, langue sonore, a pu engendrer un art musical à sa mesure. Il est difficile de reconnaître dans une pareille diatribe l'intelligence du philosophe, et Cazotte n'a sans doute pas tort de faire remarquer qu'elle est l'œuvre « d'un cerveau malade, d'un cœur équivoque, et d'un esprit dangereux et faux ». Bien plus, en voulant soutenir le clan des modernes, Rousseau donnait involontairement des arguments à ses adversaires. Toujours est-il qu'après la publication de sa *Lettre* le ton de la Querelle changea. Les nouvelles brochures s'attachaient davantage à défendre l'art national contre les périls extérieurs : Rameau lui-même publia en 1754 des *Observations sur notre instinct sur la musique* pour montrer que le talent musical ne dépend point des aptitudes d'une langue, mais du génie des musiciens.

Finalement la Querelle se termina peu après au milieu de l'indifférence générale : en ruinant définitivement la tragédie lyrique qui avait triomphé sur notre scène, elle assurait le triomphe d'un genre hybride destiné à un brillant avenir au siècle suivant : l'opéra-comique.

1. E. Borrel, *op. cit.*, p. 34.

# L' « ENCYCLOPÉDIE » ET LA CABALE
## ANTI-PHILOSOPHIQUE

Banale entreprise de librairie à l'origine, l'*Encyclopédie* devint rapidement sous la houlette de Diderot le témoignage d'une époque « hardie » : mais pour mener à son terme cette gigantesque entreprise qui dépassa les ambitions premières, il ne fallut pas moins de vingt-sept années de travail - et surtout de foi - pour surmonter les difficultés matérielles de toutes sortes qui s'abattaient sur les collaborateurs des philosophes et pour vaincre la hargne des réactionnaires qu'inquiétaient les propos contenus dans les 28 volumes encyclopédiques.

Un bref tableau commenté permettra de comprendre la situation des parties en présence.

1745 Le libraire Le Breton décide de traduire la *Cyclopaedia* de l'Anglais Chambers.

1746 Une fois le privilège obtenu, la direction de l'ouvrage revient finalement à Diderot.

1748 Un nouveau privilège est accordé pour « l'*Encyclopédie* avec des additions ».

1749 Détention de Diderot à Vincennes.

1750 Publication du « Prospectus ».

1751 Publication du tome I avec « Discours préliminaire » (d'Alembert).

1751-52 Affaire de Prades : en novembre 1751, l'abbé de Prades, ami et collaborateur des Encyclopédistes, soutient sa thèse en Sorbonne; les Jésuites attaquent et font condamner l'ouvrage pour hérésie trois mois plus tard.

1752 Publication du tome II. Arrêt du Conseil d'État interdisant les deux premiers volumes.

1753-6 Grâce au soutien de Malesherbes et de la Pompadour, publication des tomes III à VI.

1757 Publication du tome VII. Libelle des Cacouacs : pamphlet dénonçant dans l'équipe de Diderot « un corps organisé, [...] marchant à l'assaut de la morale, de la religion et du gouvernement ».

1758 Condamnation du *De l'esprit*, traité du philosophe Helvétius. Affaire de l'article « Genève » : rédigé par d'Alembert pour réclamer la création d'un théâtre dans la cité helvète, l'article « Genève » de l'*Encyclopédie* suscita la colère de Rousseau qui, dans sa *Lettre sur les spectacles*, dénonça le côté « corrupteur » de la scène. A la suite de ce coup et de diverses attaques, d'Alembert abandonna la codirection de l'*Encyclopédie*.

1759 Révocation du privilège qui autorisait la publication de l'*Encyclopédie*. Campagne contre les philosophes (sur le déchaînement des Palissot et Fréron, voir ci-dessous).

1762-65 Malgré l'interdiction officielle de 1759, et avec la tolérance de Malesherbes, publication des tomes VIII à XVII et des planches.

Le clan dévot qui voyait dans les philosophes de dangereux adversaires pour la foi traditionnelle engagea une lutte sans pitié contre l'*Encyclopédie* : de fragmentaire qu'elle était jusqu'alors, l'opposition devint une véritable organisation de défense réactionnaire contre l'esprit des Lumières. Au premier rang de ces nouveaux chevaliers de l'ordre établi se dressent les figures de Palissot et Fréron qu'immortalisèrent les traits vengeurs de Diderot et de Voltaire.

Charles Palissot (1730-1814), lorrain d'origine et ami du duc de Choiseul, se fit connaître dès 1755 par sa comédie des *Originaux* dans laquelle il condamnait l'attitude et la pensée de Rousseau. Puis en 1757, il publie ses *Petites lettres sur les grands philosophes*, pamphlet qui oppose habilement les « vrais » philosophes aux faux penseurs, et ridiculise surtout le drame bourgeois auquel Diderot vient d'attacher son nom avec son *Fils naturel*. Ce rôle de tête de turc, le directeur de l'*Encyclopédie* devait le conserver dans la comédie des *Philosophes* (2 mai 1760), plate imitation des *Femmes savantes* : ridiculisé sous le nom de Dortidius, l'auteur du *Neveu*, pâle réplique de Vadius, se voyait traité d'auteur froid et grandiloquent.

C'était plus qu'il n'en fallait pour piquer l'amour-propre de Diderot déjà atteint par les critiques contre son théâtre larmoyant : seule la prudence l'obligea à ne pas se lancer dans une violente polémique à jour ouvert. Mais il laissa couler sa bile dans ses lettres et les ouvrages inédits de son vivant. Sans doute Palissot serait-il tombé dans l'oubli le plus complet si la verve de Diderot n'avait transmis à la postérité les traits caricaturaux de ce médiocre écrivain.

Cible favorite de Voltaire, Élie Fréron (1719-1776) est d'une autre trempe : mordant et volontiers en lutte, il fut stigmatisé par l'auteur de *Candide* dans de nombreuses épigrammes dont on connaît la plus célèbre :

> « Un jour au fond d'un vallon
> Un serpent piqua Fréron.
> Que croyez-vous qu'il arriva ?
> Ce fut le serpent qui creva ! »

Comme Palissot, Fréron avait critiqué le théâtre de Diderot dans lequel il voyait une plate imitation des œuvres de l'Italien Goldoni. Ennemi de longue date des encyclopédistes, il se devait de figurer en bonne place parmi les animaux de la « ménagerie » Bertin, aux côtés des Poinsinet, Delaporte et autres Trublet, dont le talent médiocre ne méritait certes pas un tel honneur !

## UNE ŒUVRE DE POLÉMIQUE ?

Le seul sous-titre fourni par l'auteur pour son ouvrage est celui de « satire seconde » : « épanchement de ses colères contenues [1] », *Le neveu de Rameau* serait donc pour l'écrivain une revanche éternelle sur les quolibets innombrables que lui attira sa vie publique d'homme de lettres. Certes l'aspect polémique est présent dans le dialogue : mais il ne sert que de « relais », de toile de fond, pour l'exposition des problèmes fondamentaux de la conversation.

Ce sous-titre de « satire » a longtemps intrigué la critique. En effet, depuis le XVIIe siècle, il désigne un genre bien défini du domaine poétique, au ton badin ou incisif, dans lequel s'illustrèrent Mathurin Régnier et Boileau. De plus, à de rares exceptions près, la satire ne s'attaquait qu'aux mœurs en cours, non à des personnes particulières. De même en était-il du pamphlet, son équivalent dans la prose.

1. Daniel Mornet, *Diderot*, Paris, Hatier, p. 141-2.

C'est donc ailleurs qu'il convient de chercher la réponse au problème. L'*Encyclopédie* définit la satire comme « un ouvrage où tout était mêlé, entassé sans ordre, sans régularité, soit pour le fond, soit pour la forme ». Et tel est bien l'aspect apparent qu'offre *Le neveu de Rameau* : les cibles passent dans la conversation, mais ne fournissent jamais un « thème » au dialogue ; pas plus qu'ils ne sont dessinés avec précision, les ennemis de Diderot ne sont évoqués pour eux-mêmes : ils servent par l'évocation de leurs contours vaporeux à donner une profondeur au récit, à l'ancrer dans une réalité historique, à formuler des exemples concrets à l'appui des propos théoriques développées et justifient l'aspect particulier du *Neveu*. La clique anti-philosophique réunie chez Bertin est ainsi stigmatisée à trois niveaux : elle fréquente des cercles véreux et de qualité intellectuelle restreinte (satire sociale) ; elle est incapable de se les concilier puisque Rameau lui-même reproche aux anti-philosophes leur extrême « médiocrité » (satire morale et intellectuelle) ; ce même Rameau qui pourtant ne passe pas pour un modèle de vertu ni de génie (satire philosophique). Il suffit de se reporter aux pages 77 à 86 pour comprendre l'impact d'une telle critique dans l'esprit de Diderot. Car c'est là ce qui restreint la portée d'ensemble de la polémique : avant d'être une œuvre publique, *Le neveu* ne fut qu'une confession clandestine, un journal intime dialogué. L'aspect proprement satirique, déjà fort réduit au xixe siècle, échappe totalement à l'honnête homme de notre temps. Il est vrai qu'il serait faux de vouloir à tout prix accorder la place prépondérante à la polémique dans ce dialogue : les thèmes généraux, les personnages de *Lui* et *Moi*, l'agencement artistique de l'ensemble comptèrent sans doute davantage pour cet homme qui ne possédait ni l'aigreur de Voltaire, ni la rancœur de Rousseau.

Rendre compte de l'enchaînement d'une œuvre est rarement chose facile. Lorsqu'il s'agit d'une œuvre comme *Le neveu de Rameau*, le problème est encore plus complexe : il faut dans ce « dialogue à bâtons rompus », ce « pot-pourri de libres propos » que constitue la satire de Diderot, analyser non seulement les termes et la portée de la conversation proprement dite, mais encore s'attacher aux passages narrés. S'il existe un fil conducteur, il doit donc donner un sens à la fois au dialogue et au narré.

Pour trouver les « chaînons imperceptibles » dont parle Diderot, il convient en premier lieu d'isoler un certain nombre d'éléments qui nous serviront de points de repère. Il nous faut donc d'abord distinguer les passages narrés du dialogue, puis, à l'intérieur de la conversation, isoler plusieurs thèmes qui reviennent incessamment comme autant de leit-motive : problèmes moraux, problèmes esthétiques, rapports de la nature et des individus, rôle du génie dans la société... Enfin, si nous suivons avec attention le déroulement de la conversation, nous pouvons noter que, ainsi que dans une joute, chacun des deux antagonistes prend tour à tour le dessus, imposant à l'autre ses vues, et imprimant à l'œuvre la marque d'une courbe parfaite. Une fois en possession de tous ces éléments, il faut alors étudier leur agencement, leur rôle respectif, et leur résonance dans le cours du récit.

# LES « ÉPISODES » DU RÉCIT

Bien que l'art de Diderot paraisse fondre en un tout indissociable les propos de cette conversation, le lecteur attentif ne pourra s'empêcher de distinguer à l'intérieur de l'œuvre des points remarquables, des « charnières » qui impriment au récit une orientation différente. De part et d'autre de ces « charnières » sont ainsi délimités des épisodes de la conversation dont chacun possède un centre d'intérêt distinct.

Après un prologue - dont nous reparlerons en abordant les passages narrés - le dialogue s'ouvre par une discussion sur l'homme de génie, sa place dans la société, ses rapports avec la morale : aux théories philosophiques de *Moi*, *Lui* oppose l'idéal du « grand homme » (p. 26), exposant pour la première fois les contradictions profondes de sa vie : rêvant de luxe et d'opulence, il n'est en fait qu'un gueux; de plus, sa liberté native s'oppose au parasitisme qu'il a élevé au rang de philosophie. Se refusant, pour « retourner chez ses protecteurs », à « s'humilier devant une guenon » (p. 32) et ne pouvant supporter sa condition de gueux en raison du « talent » qu'il porte en lui-même, il tente de réaliser une ridicule et dérisoire synthèse du génie et du mal.

Cette conversation sur le génie se retrouve à la fin du dialogue : mais l'esprit est tout différent, car Rameau ne peut plus se livrer à ses ingénieuses pirouettes. Sa médiocrité lui apparaissant nettement, c'est en quelque sorte la boucle qui se referme : le Neveu ne parade plus dès lors que ses propres arguments se retournent contre lui. La similitude des deux passages est telle que, non seulement les thèmes, mais les termes mêmes se répondent. :

| | |
|---|---|
| « Et puis vous voyez ce poignet... » (p. 37). | « La fibre a manqué, mais le poignet s'est dégourdi » (p. 126). |
| « Si vous jetez de l'eau froide sur la tête de Greuze » (p. 23). | « Je ne sais si elle aiguise l'esprit du philosophe, mais elle refroidit diablement la tête du poète » (p. 128). |
| « Mais enfin, que me conseillez-vous ? » (p. 36). | « Et vous me conseilleriez de l'imiter ? » (p. 136). |

Toutefois, ces ressemblances ne doivent pas nous cacher

qu'entre les deux épisodes la conversation a continué de rouler son flot de propos : si le problème est abordé de façon théorique dans les premières pages du livre, il est vu à la fin sous l'angle particulier de Rameau.

Toute l'évolution impliquée par ces passages extrêmes est donc contenue dans les « maillons » intermédiaires. Il nous paraît possible d'en distinguer cinq, répartis selon trois grands groupes :

- la montée de *Lui* : discussion sur la musique (p. 40-46).
  discussion sur la morale (p. 46-70).
- le bref triomphe de *Lui* (p. 70-77).
- l'effondrement de *Lui* : discussion sur la musique (p. 101-114).
  discussion sur la morale (p. 114-123).

Même abordé superficiellement, le dialogue révèle ainsi son organisation.

## L'ÉPISODE CENTRAL
## ET LE TRIOMPHE DU NEVEU

Cette partie en apparence composite puisque l'on y parle aussi bien de Bertin, de morale, d'esthétique que du Neveu lui-même, développe sur près du tiers de la satire (p. 80-112) la clef qui permet de comprendre l'orientation et la signification du dialogue. Le problème qui est posé est le même que celui qui ouvre et clôt la discussion : l'échec de *Lui* sert de toile de fond à l'élaboration d'une théorie du « sublime dans le mal » (p. 94-5). Rameau réussit un instant à confondre ses contradictions ; il paraît trouver son unité comme semble le souligner *Moi*, non sans quelque ironie : « Vous avez bien fait de me révéler ces mystères sans quoi je vous aurais cru en contradiction » (p. 82). Toutefois, aussi loin qu'il puisse « exceller dans son art », le Neveu ne parvient que difficilement à ce stade triomphal, d'autant plus difficilement que son succès verbal se heurte aussitôt à la réalité de sa situation. Quoi qu'il en soit, le philosophe se trouve à ce moment acculé, près de tomber dans le piège que lui a tendu le Neveu : « Et voilà ce que je vous disais. L'atrocité de l'action vous porte au-delà du mépris... » (p. 100).

Tout dans cet épisode porte la marque de la supériorité

momentanée de *Lui :* l'apparente modestie de Rameau, les
hésitations, que traduisent les passages narrés, aussi bien que
les propos intrigués de *Moi :* « Eh ! laissez là vos réflexions et
continuez-moi votre histoire » (p. 97) ou plus loin : « Non, certes,
mais cet infâme renégat » (p. 98), l'ensemble fait chorus au
sentiment non dissimulé de triomphe ressenti par le Neveu.

Que peut donc faire *Moi* à ce moment précis du dialogue ?
Abandonner serait reconnaître la vraisemblance des décla-
rations de *Lui...* Il n'y a en fait qu'une seule solution au
problème du Philosophe : faire surgir les contradictions de
Rameau en le ramenant sur son terrain de prédilection :
« Pour le ramener à son talent je lui dis... » (p. 101). Nous
sommes alors au sommet du dialogue : la brillante montée
s'est achevée par la pantomime du « chant du triomphe »
(p. 100); *Lui* a fini de mener le jeu et désormais il va s'enfoncer
sous les coups répétés de *Moi* qui, de question en question,
révélera au Neveu les incohérences profondes de son être.

Nous savons dès cet instant quelle sera l'issue du dialogue : la signification véritable de la dialectique [1] sous-
jacente nous apparaît clairement, grâce à l'échange de propos
lui-même, mais aussi par les remarques que *Moi* insère entre
les répliques.

## ROLE DES PASSAGES NARRÉS

Leur importance est capitale, car, s'ils nous renseignent sur
ce que *Moi* pense de *Lui* et, par là même, nous fournissent
un point précis des rapports entre les interlocuteurs, ils
nous indiquent également les sentiments profonds de *Moi*.
Leur place est déjà révélatrice de leur fonction : ils se trouvent
insérés dans le dialogue au moment précis où celui-ci bascule
sur un nouveau problème, c'est-à-dire qu'ils sont les paliers
qui permettent au lecteur de souffler, de faire le point sur
l'évolution du dialogue.

Mais c'est par leur contenu qu'ils éclairent la structure
profonde de l'œuvre. Suivant les méandres de la conversation,
ils sont le constat de la situation au moment précis où le
Philosophe les exprime.

1. Raisonnement qui comporte des oppositions et s'achemine vers une synthèse.

Le plus long de ces jugements se trouve dans le Prologue (p. 12-14). *Moi* nous présente son interlocuteur sous deux aspects - d'abord dans sa personnalité (« C'est un composé de hauteur et de bassesse... »), puis par sa position au sein de la société (« Je n'estime point ces originaux-là ») - qui seront les thèmes centraux du dialogue, même s'ils sont abordés dans la conversation par le biais de la musique ou de la morale : comment concilier la « hauteur » avec l'état de « gueux », comment ne pas détruire son « originalité » (le mot écrit par *Moi* dès les premières pages reviendra par la suite fréquemment dans la bouche de *Lui*) au milieu de la société ? Mais ces appréciations étaient portées avant même que ne s'engage le dialogue : elles vont se poursuivre dans la même orientation jusqu'au milieu du *Neveu*. Ce qui frappera avant tout *Moi* c'est l'ambiguïté (au sens étymologique du terme) de *Lui* : « hauteur et bassesse » (p. 12), « bon sens et déraison » (*id.*), « J'étais confondu de tant de sagacité et de tant de bassesse » (p. 36), « des idées si justes, pêle-mêle, avec tant d'extravagance » (p. 46). Mais, parvenu au sommet du dialogue, *Moi* ne s'attachera plus à souligner les contradictions du Neveu ; seule l'intéressera désormais la franchise de Rameau : « Mais il n'était pas hypocrite... il était seulement plus franc » (p. 119).

Dans le même temps que se modifient les impressions de *Moi* sur *Lui*, les sentiments du Philosophe suivent une courbe parallèle : les contradictions multiples de Rameau se reflètent dans les nombreuses hésitations de *Moi*. A maintes reprises il se trouve tiraillé entre deux attitudes opposées : « L'âme agitée de deux mouvements opposés, je ne savais si je m'abandonnerais à l'envie de rire, ou au transport de l'indignation » (p. 35), « Je ne savais si je devais rester ou fuir, rire ou m'indigner » ( p. 100).

Ainsi, la lente montée du Neveu se reflète-t-elle dans les jugements de *Moi*. Le moment de triomphe est d'ailleurs lui aussi souligné par un épisode « narré » : « Je commençais à supporter avec peine la présence d'un homme qui discutait une action horrible... Je devins sombre » (p. 100). Tous ces « hors-texte » indiquent bien que la démonstration du Neveu a touché *Moi* et fait vaciller la belle assurance flegmatique que le Philosophe arborait au début. Ils nous indiquent également le mouvement interne du dialogue et sa véritable signification.

# STRUCTURE ET SIGNIFICATION
## DU « NEVEU DE RAMEAU »

Nous avons souligné la contradiction fondamentale qui ouvrait le dialogue, l'impossibilité apparente de réduire en un tout homogène les problèmes esthétiques et les attitudes morales. Si les difficultés ne se situent pas au même niveau pour les deux interlocuteurs, le but est à peu de choses près identique : comment sauvegarder son « originalité » pour *Lui*, comment être libre pour *Moi* en étant un génie ? En fait, on pourrait craindre qu'entre le Philosophe trop théorique et le Neveu, trop pragmatique, la discussion ne se résume à un dialogue de sourds. Et pourtant, le calme de *Moi* est troublé par Rameau qui lui assène toutes sortes de propos : peut-être y a-t-il dans toutes ces idées une réponse plus salutaire que des théories bien polies ?

De son côté, le Neveu est prisonnier de sa « folie » : le seul jour où il montra du bon sens lui fut fatal (p. 29-30).

Une faille existe bien chez chacun des deux interlocuteurs : le dialogue va donc avoir pour but de les résoudre. On parlera musique, un domaine que tous deux connaissent fort bien ; mais la tentation de la morale sera trop forte, et insensiblement, on y reviendra par le biais de l'éducation et de la musique comme travail (donc comme gagne-pain avec tous les problèmes qui s'y rapportent).

Au début, c'est *Moi* qui est le plus éprouvé par son conflit : il ne parvient qu'à bredouiller des formules vagues et évasives sur « l'ordre général » (p. 24). A ce moment-là, le Philosophe se fait spectateur de *Lui*, qui réussit par toutes sortes de pirouettes verbales, et uniquement verbales, à trouver une éphémère unité.

Le Neveu triomphant sur le terrain de la musique, il faut donc que *Moi* le réduise sur ce terrain. A cet instant précis du triomphe, *Lui*, qui a conquis une position enviable en résolvant ses contradictions, se trouve maintenant spectateur du Philosophe : c'est à ce dernier de trouver son unité. Mais si, là encore, la musique est la pierre de touche de la lutte, il s'agit non plus de trouver un terrain d'entente provisoire, mais de démonter définitivement la « philosophie » du Neveu en révélant à ce dernier ses propres faiblesses dans le domaine même où il a cru gagner la partie.

# LA FIN DU DIALOGUE

Les problèmes esthétiques aboutissent toujours à des conclusions morales : témoin le Neveu qui affirme que « le vrai, le bon, le beau ont leurs droits. On les conteste, mais on les admire » (p. 106). Qu'en est-il donc maintenant de la belle théorie du « sublime dans le mal » ? Rameau a beau affirmer qu'il est « bien subalterne en musique et bien supérieur en morale » (p. 120), le passage de l'une à l'autre lui a été fatal.

Il torpille lui-même ses propres démonstrations avant de se lancer dans des pantomimes (p. 123, 125, 130, 132) qui vont achever de le ruiner tant physiquement - le Neveu « épuisé de fatigue » (p. 110) se met à sangloter et à pleurer - que moralement (« Je m'étais persuadé que j'avais du génie; au bout de ma ligne je lis que je suis un sot, un sot, un sot », p. 125).

La conversation est maintenant à son terme : tout a été dit entre les deux hommes. Si les options fondamentales paraissent proches, les moyens pour parvenir au but demeurent radicalement opposés.

Une dernière question demeure en suspens, que le lecteur se pose depuis longtemps, et que *Moi* formule enfin : on abandonne les autres problèmes (« Laissons cela, vous dis-je », p. 123) pour en revenir au génie, mais, ainsi que nous l'avons déjà souligné, uniquement pour constater et comprendre pourquoi *Lui*, avec toutes ses qualités, « n'a jamais rien fait qui vaille » (p. 123). La nature ne l'a peut-être pas aidé, mais lui n'a sans doute pas forcé son talent pour y parvenir car il n'en « a pas le courage » (p. 137).

Chacun a donc révélé à l'autre ce qu'il était : cela était prévisible pour le Neveu, car *Moi* avait engagé la conversation poussé par la curiosité. En revanche, malgré le Prologue qui nous le présentait comme « un grain de levain qui fermente et qui restitue à chacun une portion de son individualité propre » (p. 13), le Neveu ne semblait pas devoir faire chanceler les convictions du Philosophe. Et, cependant, sa franchise parfois sarcastique, ainsi que ses théories, ont imposé des vues plus « humaines » à ce dernier : plus de grandes phrases sur la morale et ses lois, mais la réalisation d'une liberté comme celle de Diogène « qui n'a rien et ne demande rien » (p. 134).

Tous les problèmes n'ont pas été résolus dans cette conversation du Café de la Régence comme le souligne *Moi* : « Je crains que nous ne soyons d'accord qu'en apparence » (p. 123). Du moins chacun des interlocuteurs a-t-il fait un pas dans sa connaissance de lui-même.

# Les problèmes moraux dans « Le neveu de Rameau » 6

La simple lecture du texte de Diderot fait apparaître la prééminence des thèmes éthiques dans la satire : qu'on les aborde directement ou par le biais de discussions sur la musique ou l'éducation, les problèmes moraux appartiennent à la texture même du récit dont ils forment le lien le plus incontestable.

## POSITION DU PROBLÈME

Le meilleur moyen d'attaquer le sujet est de poser d'emblée que les deux personnages sont différents : l'un, le Neveu, serait l'objet de la satire ; l'autre, Diderot, serait celui qui mène le débat. Dès lors, il existe nettement deux mondes moraux qui s'opposent en raison des problématiques [1] divergentes des deux interlocuteurs.

*Lui* expose, si l'on peut dire, une morale cohérente dans son intégralité : il s'agit d'un amoralisme « conséquent » fondé comme nous allons le voir sur une double opposition binaire être/paraître d'une part, être/devenir de l'autre.

Tout au contraire l'attitude de *Moi* à l'égard du fait moral est plus nuancée : il ne se pose jamais en théoricien d'un univers moral, mais s'oppose presque point par point aux constructions du Neveu. De ce fait, la problématique de *Moi* révèle des conceptions fondamentalement différentes de celles que suggère *Lui*, en particulier dans le domaine de la morale politique.

1. Art, science de poser les problèmes.

# L'OPPOSITION STATIQUE : être/paraître

*Lui* et *Moi* se heurtent sur ce point dès les premières pages du *Neveu de Rameau* : en effet, tandis que le Philosophe s'acharne à brosser un tableau de son interlocuteur qui, partant de l'extérieur, fasse jaillir peu à peu « l'originalité » du bohème, Rameau se place d'emblée sur le seul terrain de l'apparence. A la question « Qu'avez-vous fait ? » (p. 16) il répond par une mise en parenthèse des valeurs (que nous soulignons) pour commencer ses litanies sur les douleurs de Messire Gaster : « Ce que vous, et moi et les autres font : *du bien, du mal et rien*. Et puis j'ai eu faim, et j'ai mangé, quand l'occasion s'en est présentée; après avoir mangé, j'ai eu soif, et j'ai bu quelquefois [1]. »

Les deux répliques suivantes (*ibid.*) sont encore plus représentatives de cette expression de surface à laquelle s'accroche le Neveu : lorsque *Moi* parle d'être (un sage), *Lui* répond comme s'il s'agissait seulement de paraître tel [2].

Cette opposition qui d'emblée sépare les deux interlocuteurs peut être étudiée sous deux angles.

### • *Le couple Nature/Culture*

La manière dont *Lui* se justifie d'être « un ignorant, un sot, un fou, un impertinent, un paresseux, ce que nos bourguignons appellent un fieffé truand, un escroc, un gourmand... » (p. 28) fait écho à l'interrogation : « Se les cacher (ces « qualités »), est-ce qu'on le peut ? » (*ibid.*), et, plus loin : « Et l'ami Rameau, s'il se mettait un jour à marquer du mépris pour la fortune, les femmes, la bonne chère, l'oisiveté, à catoniser, que serait-il ? Un hypocrite. Il faut que Rameau soit ce qu'il est » (p. 64). Seule, par conséquent, l'hypocrisie est inexcusable : les dévots, par exemple, « se sont imposés une tâche qui ne leur est pas naturelle; ils souffrent, et quand on souffre on fait souffrir les autres » (p. 63). La ligne de partage entre le bien et le mal s'opère donc, chez *Lui*, de la manière

---

[1]. « Bien » et « mal », ici, ne semblent pas indiquer, en fait, un jugement de valeur : il faut sous-entendre : « comme diraient les moralistes », dont *Lui*, bien entendu, ne fait pas grand cas.
[2]. La question de l'éducation montre bien cette relation entre la philosophie de l'apparence de *Lui* et son immoralisme : cf. p. 44-45 : ce qu'il importe d'apprendre, c'est ce qui peut être utile pour avoir belle apparence en société (pour la fille de *Moi* : être jolie, amusante, coquette) : la danse, le chant, la musique.

suivante : dans le couple bien/mal, mal est le terme marqué de l'opposition, et se définit par le fait qu'il n'est pas naturel : qu'il est du côté de la culture, c'est-à-dire de l'acquis, et suppose l'hypocrisie (= décalage *être/paraître*); bien est ici le terme neutre (non marqué) : il n'est pas nettement défini et recouvre à la fois le « bien » et le « mal » de la morale commune : en effet, tout ce qui est naturel, - et les vices le sont (cf. toujours p. 62-64) - est justifié, donc BIEN. De même, par opposition à l'hypocrisie qui caractérise le mal, le bien se définit par la coïncidence de l'être et de l'apparaître.

Est-ce à dire qu'il s'agit d'une pure et simple substitution qui, rejetant la morale commune pour laquelle le bien est lié à la vertu et le mal au vice, fait place à une morale amoraliste pour laquelle est bien tout ce qui est conforme à la Nature? En fait il semble bien que les deux morales subsistent, côte à côte, et contradictoirement, dans la pensée de Rameau : il est vrai qu'il est conforme à la nature de paraître ce qu'on est, et *Lui* va même jusqu'à dire qu'*on a raison* d'être ce qu'on est :

« Le petit abbé Rey jette les hauts cris de ce que son ami Palissot lui a soufflé sa maîtresse auprès de laquelle il l'avait introduit; c'est qu'il ne fallait pas introduire un Palissot chez sa maîtresse, ou se résoudre à la perdre. Palissot a fait son devoir et c'est l'abbé Rey qui a tort » (p. 90), etc.

... cependant, ajoute-t-il, le vice est toujours puni par la nature :

« Tout a son vrai loyer dans ce monde. Il y a deux procureurs généraux, l'un à votre porte, qui châtie les délits contre la société; la nature est l'autre. Celle-ci connaît de tous les vices qui échappent aux lois. Vous vous livrez à la débauche des femmes, vous serez hydropique; vous êtes crapuleux, vous serez poumonique; vous ouvrez votre porte à des marauds et vous vivez avec eux, vous serez trahi, persiflé, méprisé. Le plus court est de se résigner à l'équité de ces jugements et de se dire à soi-même : « c'est bien fait »; de secouer ses oreilles et de s'amender, ou de rester ce qu'on est, mais aux conditions susdites » (p. 92-93).

La conclusion s'impose : on ne peut penser ensemble :

1. L'absence de relation entre le bien et le mal d'une part, d'autre part le vice et la vertu.

2. Une justice, la Nature, qui punit le vice et récompense la vertu, que si ce n'est pas en fonction de leurs actes, mais en fonction de leur être que la Justice distribue aux hommes récompenses et punitions : un homme malhonnête n'est pas puni parce que, ayant pu être honnête, il s'est choisi malhonnête, mais parce que, étant malhonnête, et étant ce qu'il est, il est dans son être d'être puni. Sa punition ne sanctionne pas une faute (accident) mais bien une nature. Une telle morale exclut la notion de faute comme celle de péché, et l'homme malhonnête, paradoxalement, s'en trouve justifié et comme innocenté.

Si elle permet ainsi de rendre compte de la justification du vice dans la « morale » de *Lui*, la relation qui s'instaure entre la coïncidence et le décalage, d'une part, de l'être et du paraître et, d'autre part, par la nature et la culture a également une autre fonction : si, en effet, il est conforme à la nature de paraître ce qu'on est, et si, par ailleurs, on est, de toute éternité, ce qu'on est, on se réduit à ne jamais *devenir* (cf. plus bas) : à n'être qu'un rôle : et c'est ainsi que la *pantomime des gueux* peut être « le grand branle de la terre » (p. 134), car la pantomime, ici, ne saurait être la mise d'un masque, mais bien le fait d'un être qui assume son être, qui est ce qu'il est, et est à sa place comme il est.

Notons enfin, pour confirmer le fait que, pour *Lui*, l'être doit s'épuiser tout entier dans son apparaître, l'utilisation que fait *Lui* des leçons des moralistes (p. 80-82) : on peut utiliser les leçons des moralistes pour changer d'apparence, non pour se changer : c'est l'apparence seule qu'il importe de changer, si toutefois le changement est possible.

En bref : *Lui* élabore un immoralisme à partir d'une philosophie de l'apparence. Sur ce point, et, d'une manière générale, dans *Le Neveu de Rameau*, *Moi* n'oppose pas à *Lui* sa propre conception, sous forme de thèse développée (cela s'explique dans notre hypothèse : si *Moi* = Diderot, il s'explique ailleurs : dans les livres qu'il a écrits pour cela); notons simplement qu'il ne tombe pas d'accord avec *Lui* pour l'essentiel (cf. p. 64), et qu'il maintient, par conséquent, quant à lui, la conception traditionnelle d'un décalage entre l'être et le paraître (n'affirme-t-il pas, d'ailleurs, en substance, p. 19, que quelque chose peut paraître un mal maintenant et se révéler un bien à long terme (avec le recul)).

• *Puissance/Acte*

Au couple *Être/Paraître* se rattache le couple *Puissance/Acte* [1], qui rend compte d'un autre aspect de la morale de *Lui* : si en effet l'être se réduit au paraître, un être ne saurait être en puissance (c'est-à-dire comme une simple possibilité de se réaliser) et la puissance est une fiction. C'est pourquoi posséder un don et ne pas s'en servir est, comme l'hypocrisie, ce qui, seul, est injustifiable ; le mépris de soi en résulte, même si, là encore, le don en question est un vice :

« ... je connais le mépris de soi-même, ou ce tourment de la conscience qui naît de l'inutilité des dons que le Ciel nous a départis ; c'est le plus cruel de tous. Il vaudrait presque autant que l'homme ne fût pas né. »

## L'OPPOSITION DYNAMIQUE : être/devenir

La coïncidence de l'être et du paraître se trouve donc au fondement de la morale de *Lui*, dont le seul impératif est : montre-toi tel que tu es. Mais un tel impératif n'aurait plus de sens si on pouvait *changer* de nature (avec le temps, l'expérience, etc. ou même volontairement). *Lui* doit donc fonder sa morale sur un second principe : non seulement le masque, mais aussi le changement doit être souligné en tant que rôle [2]. Sur ce point également, *Moi* s'oppose à *Lui*, plus fortement peut-être que sur le premier.

---

1. On peut aussi ranger dans cette catégorie de couples oppositionnels se rattachant, de près ou de loin, au couple Être/Paraître :
*a) Sens/Énoncé* : p. 21 (si, pour *Moi*, on peut en dire plus qu'on ne veut en dire dans ce qu'on dit, pour *Lui*, au contraire, le sens semble s'épuiser dans son énoncé).
*b) Lointain/Proche* : cf., p. 17-19, polémique entre *Lui* et *Moi* sur l'œuvre de l'homme de génie : *Lui* ne voit que le mal immédiat (visible, apparent) qu'il peut faire, *Moi* envisage le bien à long terme (moins « évident ») qui en résulte. Sur cette courte vue de *Lui*, cf. aussi p. 126 : « Sacrifier son bonheur à un plaisir incertain ! »
L' « égoïsme » de *Lui* pourrait se rattacher à cette courte vue : focalisation de l'attention sur ce qui se rapporte immédiatement, directement au moi : « C'est un philosophe entre son espèce. Il ne pense qu'à lui (...) c'est ce que je prise particulièrement dans les gens de génie » (p. 17). (Il est vrai que *Lui* ajoute, plus loin, qu'il faut tuer les hommes de génie ; en fait, ce n'est pas en tant que l'univers leur est indifférent, mais en tant qu'ils changent la face du globe.) Cf. aussi p. 59 : « La société ne serait-elle pas fort amusante si chacun y était à sa chose. » (D'où : rejet des valeurs qui ne se rapportent pas immédiatement au moi : patrie, amis, devoirs de son état, éducation des enfants, p. 56-58.)
2. Deux textes sont, sur ce point, symptomatiques :
*a) Lui* : « Je veux bien être abject, mais je veux que ce soit sans contrainte » (p. 65). On sait que ce qui excuse le vice aux yeux de *Lui*, c'est 1° qu'il est commun ; 2° qu'on y est poussé par la misère (p. 54 et 68) ; dans ces conditions, pourquoi ne pas considérer aussi la contrainte comme une excuse valable ? En fait, l'homme étant libre, il ne peut que *devenir* esclave, et, ce faisant, n'assumerait pas son être : là sans doute est le péché, et c'est pourquoi il faut lutter contre la contrainte.
*b)* P. 73 : le génie *est* un génie (il l'est à la naissance), il ne peut le *devenir* (méthodes, préceptes).

## • Idiotismes et morale personnelle

En ce qui concerne la morale individuelle, *Lui* s'attache à démontrer qu'en se conformant à l'*usage* (à ce qui est et non à ce qui devrait être) non seulement on y trouve son compte, mais on est en outre utile « à ses entours » (si on s'enrichit : cf. p. 21-22). Sur les « idiotismes » (= usages auxquels il faut se conformer, sans quoi on est bizarre et maladroit) : voir p. 51-53. Sur la conformité à l'usage, cf. aussi p. 55-56 : si Rameau était riche, il se comporterait comme les riches se comportent aujourd'hui. Et une morale qui ne se fonde pas sur l'usage n'est pas réaliste : « La vertu, la philosophie sont-elles faites pour tout le monde ? » (p. 56). D'ailleurs, la vertu ne semble pas être naturelle, pour *Lui* (cf. plus haut). Donc : il ne faut pas agir autrement que les autres hommes, ni tenter de changer les usages, par l'exemple, en ne s'y conformant pas. Conséquences morales : « Il faut être ce que l'intérêt veut qu'on soit » (p. 83) puisque il est d'usage et il est dans la nature de l'homme de poursuivre son intérêt :

MOI

« D'accord, il faut être bien maladroit quand on n'est pas riche, et que l'on se permet tout pour le devenir. Mais c'est qu'il y a des gens comme moi qui ne regardent pas la richesse comme la chose du monde la plus précieuse; gens bizarres.

LUI

Très bizarres. On ne naît pas avec cette tournure-là; on se la donne, car elle n'est pas dans la nature.

MOI

De l'homme ?

LUI

De l'homme. Tout ce qui vit, sans l'en excepter, cherche son bien-être aux dépens de qui il appartiendra » (p. 122).

Sur la nature humaine, cf. aussi p. 54 (« Toutes les espèces se dévorent dans la nature »). Et p. 114-115 : on ne peut échapper à son destin, qui est d'être tel ou tel (« molécule paternelle »).

• *Morale politique*

Si, en ce qui concerne la morale individuelle, *Moi* se contente de manifester, sans trop insister, sa réprobation (c'est ainsi qu'il ne dit pas ce qu'il pense, lui, de la nature humaine), il est beaucoup plus explicite dans le domaine de la morale politique.

Pages 17-18, *Lui* énonce le syllogisme suivant : les hommes de génie sont facteurs de changement et de bouleversement; or le monde va bien puisque la multitude en est contente; donc il faut le laisser aller à sa fantaisie; donc il faut tuer les hommes de génie. Comme, par ailleurs, les hommes de génie disent la vérité, le bien n'est pas lié au vrai, mais au faux [1] : n'est bien que ce qui concourt à la conservation de *ce qui est* [2] (de même que, comme nous l'avons vu, le bien n'est pas lié à la vertu mais à l'adéquation de l'être et du paraître). Par contre, à la page 19, *Moi* prend le parti de l'homme de génie, porteur de la vérité et tenant du changement, qui sera réhabilité, en fin de compte.

1. Il est vrai qu'ailleurs (p. 106), *Lui* semble assimiler le bien au vrai. Mais il faut sans doute, ici (p. 106), limiter la portée de ce qui est dit à cette « fadaise » qu'est la musique (cf. p. 15).
2. *Ce qui est* est d'ailleurs le meilleur des mondes : cf. p. 24, où est repris l'argument de Leibniz : si tout était excellent, il n'y aurait rien d'excellent.

# 7 L'homme du dialogue et ses personnages

On a souvent fait remarquer que Diderot dialoguait plus volontiers avec lui-même qu'avec les autres hommes : il n'y a là rien d'étonnant ni d'égoïste. Diderot ne se renferme pas en lui par dédain, mais par besoin (voir la fin du premier chapitre, p. 11). C'est la raison pour laquelle il a choisi comme forme privilégiée d'écriture le dialogue philosophique, en dehors - sinon de toute tradition - du moins des habitudes littéraires cultivées par les classiques : cette voie originale et remarquable qu'il s'est frayée pose des problèmes d'ordre théorique et pratique. Une fois les premiers résolus, il convient de s'arrêter sur certaines questions fondamentales : quelle est la signification (entendons : que signifie l'attitude) de chacun des protagonistes ? Quel rapport l'auteur entretient-il avec ses créatures littéraires ? Pourquoi le dialogue se termine-t-il sur une pirouette qui laisse en suspens les questions posées ? Pouvait-il y avoir une autre conclusion ?...

## LE DIALOGUE PHILOSOPHIQUE : genre ou nécessité ?

Dans la belle introduction qu'il consacre au *Rêve de d'Alembert*, M. Jean Varloot fait remarquer que « la forme dialoguée, depuis La Mothe Le Vayer, Malebranche et Fontenelle, est monnaie courante de la littérature philosophique en France, et surtout de la littérature des « lumières ». Voltaire l'utilise et l'illustre à travers une bonne part de son siècle. Elle répond à un besoin de vulgarisation supérieure, de subtile propagande, elle convient à la controverse nuancée. Elle ressortit à cette technique de persuasion que Platon a immortalisée en Socrate sous le nom de *maïeutique*, c'est-à-dire d'accouchement des esprits [1] ». C'est en effet au philosophe grec qu'il importe de remonter pour saisir l'originalité profonde du dialogue chez Diderot.

Dans ses nombreux *Dialogues*, Platon illustre après coup une pensée cohérente, dirigée vers une démonstration préétablie et tendue vers un but fixé d'avance. En face de Socrate qui mène le jeu, les interlocuteurs ne sont que des comparses fabriqués à vocation utilitaire : ils servent à permettre l'élaboration de la pensée du maître dans ses moindres détails, jusqu'en ses réfutations les plus secrètes ; semblables aux comparses de la tragédie classique, ils sont les confidents de la philosophie socratique. Le dialogue platonicien est donc une œuvre extérieure à son créateur : celui-ci est le maître de ses créations qu'il dirige selon ses désirs. Le rapport qui lie Platon à ses personnages est une aliénation de ces derniers, au sein d'un monde dont l'écrivain est le démiurge.

Tout autre s'affirme d'emblée le dialogue chez Diderot : bien qu'il soit toujours savamment agencé sous l'apparence du désordre, il n'est jamais composé d'avance, mais s'organise au gré des pulsions des interlocuteurs. L'auteur n'est plus libre de faire varier la conversation à sa fantaisie : il doit tenir compte de ses personnages, de leur réalité. Le rapport qui unit Diderot à ses héros est double, ambigu : il s'agit d'un subtil mélange d'autonomie et de dépendance réciproques. Dans la mesure où il se fait le narrateur d'une rencontre, Diderot possède sur ses interlocuteurs un recul qui le rend supérieur à eux ; mais en même temps, il doit tenir compte des hasards d'une conversation qui s'élabore, et laisser toute liberté de parole à l'un comme à l'autre. Le dialogue diderotesque est ainsi à la limite de deux genres contradictoires : il tient du journal intime dont il épouse le mouvement et les incertitudes, tout en flirtant par son réalisme et ses couleurs avec le roman. Entre l'autobiographie introspective de Jean-Jacques et le militantisme littéraire de Voltaire, Diderot s'affirme comme un diariste roma-

---

1. Jean Varloot, *Le Rêve de d'Alembert*, Paris, Éd. Sociales, p. CXIX-CXX.

nesque singulier et exemplaire. Comme tel, le dialogue dans
*Le neveu de Rameau* répond à des objectifs divers :

  - il illustre l'instable rapport de *Lui* avec *Moi* : ce n'est
pas un échange entre le Philosophe et son disciple, mais une
conversation amicale entre deux connaissances que lie une
sourde complicité (voir le portrait du Neveu dans le Prologue);
  - la pensée des personnages ne préexiste pas au dialogue :
elle naît avec lui, se confond avec lui. Il s'agit moins pour
l'écrivain de transposer une conversation dans le domaine de
l'écriture que de mimer « les chaînes imperceptibles qui ont
attiré tant d'idées disparates » *(Lettre à Sophie Volland)*;
  - enfin, le dialogue révèle mieux que n'importe quelle
autre forme littéraire la dialectique d'une pensée qui se
heurte à elle-même.

  Ainsi, le dialogue chez Diderot apparaît lié à un besoin
fondamental de l'auteur tout en demeurant un merveilleux
instrument artistique : il répond donc à toutes les nécessités
qu'en attend le philosophe comme l'écrivain.

## LES PERSONNAGES

Une fois choisie la forme dialoguée, il fallait un interlocuteur
au narrateur : puisant dans ses souvenirs, Diderot se souvient
de Rameau qu'il rencontra effectivement et qui lui offrait
un double idéal pour une conversation libre sur les sujets les
plus divers. Le lien qui unit Diderot au bohème de sa « satire »
est un curieux mélange de « désarroi, d'admiration, de remords
et comme de honte de soi-même » et surtout « de sympathie.
Car Rameau est, au naturel, un autre Diderot, un Diderot
sans politesse, ni conséquence, qui ne songeait pas à se sur-
veiller [1] ».

### • *De Jean-François Rameau au* Neveu de Rameau

Et de fait, c'est bien un authentique « original » qui nous
apparaît à travers les plaisants portraits que nous ont laissés
Cazotte, Piron, Grimm et surtout Mercier. L'un vante « sa
physionomie burlesque » et son « habitude de déraisonner »,
l'autre voit dans le Neveu l'œuvre d'un « Jupiter... saoul », le
troisième souligne la contradiction de cette « imagination bête

1. Jean Fabre, *op. cit.*, p. LXV-LXVI.

et dépourvue d'esprit, mais qui, combinée avec la chaleur, produit quelquefois des idées neuves et singulières ». Quant à l'auteur du *Tableau de Paris*, il retrouve le « ramage saugrenu » de Rameau pour nous conter l'anecdote de la « mastication universelle » (voir Annexes p. 68).

Jean-François Rameau était né à Dijon le 30 janvier 1716 : il était le fils d'un organiste, frère cadet du célèbre musicien. Après des études agitées, on le retrouve tantôt dans un régiment, tantôt ecclésiastique, plus tard professeur de clavecin d'élégantes demoiselles, le plus souvent cheminant sur les routes du royaume vers on ne sait quel but. Misérable et querelleur, il est recueilli par le Trésorier des Parties Casuelles, le Bertin burlesque que nous présente Diderot. Marié en 1757, veuf quelques années plus tard, il retourne à son état naturel de bohème. En 1766, il publie sa *Raméide*, suite de cinq chants poétiques, à la fois baroques et comiques, de caractère auto-biographique, assurément comme le prétend Grimm « le plus étrange et le plus ridicule galimatias qu'on puisse lire ». Grand admirateur de son oncle, opposant des philosophes dans la Querelle des Bouffons, il termina sa vie dans un hospice auquel sa misérable condition lui permit l'accès. Mais entre cet être somme toute médiocre malgré son originalité et le truculent, savoureux et cynique Neveu du récit, le travail de Diderot a opéré la poétisation. Plus exactement, le rêve du philosophe a accentué les traits que la vie, dans son naturel, accusait déjà.

Parmi les créations de Diderot, le Neveu tient une place à part : certains personnages ne sont que des fantoches carica-turaux, silhouettes de guignol à peine plus appuyées que les nombreux pantins qui parsèment la conversation du Café de la Régence; d'autres, comme les interlocuteurs du *Rêve de d'Alembert*, atteignent à cette vie réelle que donne l'enracine-ment dans le milieu. Aucun ne parvient à cet équilibre de réalisme et de fiction qui donne à *Lui* ce relief du type artis-tique : aux traits que lui offrait l'homme, Diderot ajoute mille petits détails puisés çà et là, donnant ainsi une épaisseur, une animation à laquelle peu de fictions romanesques sont parvenues. En accordant par la littérature à son personnage « cette dérisoire et pathétique revanche sur la médiocrité réelle de sa vilenie [1] », Diderot renouait avec les plus grands créa-

1. Jean Fabre, *op. cit.*, p. LVI.

teurs, Rabelais, Cervantès, tant il est vrai que « le Neveu
devient comme un frère de Panurge et de Sancho Pança[1] ».
Reste à voir les attitudes possibles de Rameau devant le roman
et devant la vie.

### ● Lui, *héros ou anti-héros ?*

S'il possède bien des traits du valet quichottesque ou du
comparse pantagruellien, le Neveu revendique avant tout son
existence autonome : il ne joue pas les seconds rôles, mais
campe sa large stature sur le devant de la scène. Par là même,
il accède à la pleine dignité du héros dont sont privés les
valets, fussent-ils des Sganarelle. L'écrasante supériorité que
*Lui* montre dans l'abondance de son discours suffirait à en
apporter la preuve. De plus, contrairement aux laquais, il se
conduit en véritable meneur de jeu, allant même comme le
révèle la structure du récit jusqu'à dominer le dialogue dans sa
partie médiane.

Toutefois, Rameau n'a rien du héros classique qu'illustrèrent les tragédies ou les romans héroïques du XVIIᵉ siècle.
De ce point de vue il est proche de Gil Blas, son prédécesseur
dans la lignée des héros de la médiocrité. Comme le personnage de Lesage, le Neveu de Diderot se caractérise par divers
aspects anti-héroïques qui attestent de l'évolution et de la
mutation de la société après le règne de l'éternelle perfection
classique.

Rien n'indique mieux qu'il s'agit là de héros du déshonneur que ce que certains critiques ont appelé le *picarisme* de
Rameau. Encore convient-il de ne pas se méprendre sur la
signification d'un terme puissamment ancré géographique-
ment et philosophiquement. A la suite de Marcel Bataillon,
M. Molho a tenté de cerner l'existence du *picaro* : outre son
caractère autobiographique, le roman picaresque fait le récit
des fortunes et des adversités d'un homme de très bas lignage
pour « mettre l'homme en présence de tout ce que sa condition
comporte de négatif, afin de dessiller ses yeux et de démasquer
les contre-vérités faussement rassurantes qui sont l'habitude
de sa pensée[2] ». On aura reconnu divers traits du Neveu dans
ce portrait-robot : toutefois, et c'est là une restriction fonda-

---

1. Charly Guyot, *Diderot*, Paris, Le Seuil, p. 72.
2. M. Molho, « Introduction » aux *Romans picaresques espagnols*, Paris, Bibl. de
la Pléiade, p. XII.

mentale, le *picaro* tant par sa situation personnelle que par le moment historique qu'il vit (XVIᵉ siècle) est amené à se poser le problème de l'honneur, non pas personnellement comme le fait Rameau (p. 65), mais en fonction d'une conception du lignage qu'il ne met pas en cause par une réflexion critique sûre d'elle-même. *Le neveu de Rameau* tourne donc le dos à la vérité du picarisme : cela n'empêche pas son héros d'avoir des points communs avec Lazarillo[1], qu'il s'agisse de sa disponibilité, de sa gueuserie ou de sa médiocrité.

Une médiocrité contre laquelle Rameau se rebelle tout d'abord avant de l'accepter : c'est là son déshonneur à lui, la tache indélébile qui l'a marqué du mauvais sort (voir, à la fin, le couplet sur la fibre paternelle et la molécule, p. 115). Le problème de la *honra*[2] si essentiel au véritable picaresque se trouve ici déplacé vers les sujets esthétiques ou philosophiques. Une médiocrité qu'il traîne comme un fardeau et qu'il tente de vaincre par divers expédients : cynisme verbal, truanderie sociale, flatterie burlesque... autant d'attitudes qui montrent la disponibilité du personnage. Alors que le héros classique se trouve d'avance prédestiné à un but (honneur, gloire, amour) le Neveu est en quête de sa propre existence : inutile et inconsistant aux yeux du monde, il doit pour sauvegarder l'illusion de son indépendance « jouer » sa propre vie sous forme de dérisoires contrefaçons. De là l'importance chez un tel personnage de la pantomime : son discours a besoin d'un appui physique qui puisse transformer une parole fluide en réalité. Le verbe est l'apanage du héros : toute autre attitude traduit le renversement et l'évanouissement de ce même héros.

Enfin, la gueuserie de Rameau achève de tracer le portrait de l'héroïsme négatif : par là même, l'optique du personnage à l'égard du monde change. Il ne s'agit plus de planer dans les sphères de l'intellect ou du rêve, mais de se « colleter » avec un univers qu'imprègne la dureté; le débat n'est plus une alternative entre le bien et le mal, le bonheur ou le désespoir : il se place au niveau même de la vie, de l'existence physique

1. Lazarillo de Tormes, héros du récit homonyme qui fonde la tradition du roman picaresque (milieu du XVIᵉ siècle).
2. La *honrá* : équivalent approximatif de l'honneur sur lequel se fondait la *hidalguiá* espagnole, c'est-à-dire une noblesse ressentie comme élément de discrimination sociale (noblesse opposée à Tiers État ou Bourgeoisie), et surtout comme mode de vie et de pensée (voir le *gentleman* anglais).

et matérielle. Rameau, plus que quiconque, est le centre d'un récit qui, contrairement au roman d'éducation, s'achemine lentement vers l'échec total. Les leçons reçues par *Lui* ne visent pas à changer le personnage, à le faire évoluer : bien plus, au terme de son enquête, celui-ci ne trouve que néant, désillusion, désespoir. Il ne lui reste plus qu'à s'accrocher au langage : et c'est sarcastiquement qu'il lance dans un baroud de déshonneur son « Rira bien qui rira le dernier ». Le temps de la parade est passé, celui du verbe lui est refusé. Rameau retourne à sa médiocrité : il a joué son rôle de héros dans une épopée de l'anti-héroïsme !

### ● Lui, *le sage ou le fou ?*

Présenté avant même son arrivée comme un être ambigu, Rameau déroule tout au long de la conversation nombre de paradoxes devant lesquels le Philosophe ne peut que balancer dans son jugement : « O fou ! archifou ! m'écriai-je, comment se fait-il que dans ta mauvaise tête il se trouve des idées si justes pêle-mêle, avec tant d'extravagances » (p. 46, voir de même les jugements de *Moi*, p. 36, 80, 133). Il semble donc bien que l'opposition fondamentale du Neveu soit dans l'alternative de la sagesse et de la folie.

De fait, Rameau est un fou, et cela à deux niveaux au moins. Le plus immédiat est celui que le parasite souligne lui-même en s'égalant au « fou du Roi » (p. 82) : nous rejoignons là le personnage que nous avons rencontré, tentant de réaliser la synthèse de la parole et de l'acte dans la « posture ». Il s'agit ici d'une « folie » professionnelle, sociale, d'une attitude qui seule permet à Rameau de livrer dans le même instant et sous le même masque (le mot est dans la bouche de *Moi* à la p. 133) les aspects les plus contradictoires de son extraordinaire personnalité.

Mais, plus profondément, *Lui* est un fou dont le raisonnement heurte *Moi* par sa logique poussée au-delà du cynisme (« Ne me pressez pas, car je suis conséquent » dit-il au début du dialogue à son interlocuteur, p. 20) : il se trouve de ce fait, dans bien des cas, à la limite des normes morales établies, sans qu'il soit possible au Philosophe de lui opposer un raisonnement cohérent. La dialectique de Rameau marque la suprématie d'une pensée qui s'exerce dans l'abstraction, mais se trouve condamnée dès qu'elle se heurte à la réalité : elle symbolise l'aspiration, même ratée, d'un possible en quête d'absolu.

Toutes les autres contradictions de *Lui*, et elles sont nombreuses, se ramènent à cette ambiguïté fondamentale de la sagesse et de la folie. Les jugements de *Moi* témoignent de l'embarras fascinant que le Neveu exerce sur son interlocuteur : admiré pour sa lucidité et son courage (il faut en avoir pour vanter les « arts » dans lesquels le Neveu excelle ou pour oser bâtir une théorie philosophique cohérente du « sublime en mal » !) il ne peut qu'être condamné à la ruine dans une société qui a elle-même établi sa loi sur le sublime en mal. Sans doute est-ce là la source de l'échec de Rameau, d'avoir voulu lutter égoïstement contre un ensemble social, économique et juridique qui l'avait réduit par l'usage des mêmes armes.

• Moi, *comparse ou interlocuteur à part entière ?*

Pour le Neveu, *Moi* est avant tout « Monsieur le philosophe » (p. 14) : son langage (p. 25), ses raisonnements s'opposent à ceux de Rameau. La spontanéité et le cynisme de ce dernier sont l'antithèse de l'attitude adoptée par *Moi* dans le dialogue ; qu'on se reporte aux nombreuses parenthèses qu'intercale le narrateur pour nous faire part de son état d'âme : celui-ci n'est jamais simple, mais double. Entre le rire et la gêne le Philosophe laisse s'intercaler l'épaisseur d'un monde qu'il critique, mais qu'il s'avère incapable de transformer. Dès lors se pose le problème de son utilité au sein du dialogue : visiblement il offre la réplique à *Lui* sur trois plans principaux.

D'abord, il est l'interlocuteur privilégié d'un dialogue qui ne peut être que contradictoire : face à un homme qui s'est donné pour « métier » de mimer la vie, il affirme le primat de la pensée sur l'action en se désolidarisant de l'humanité (voir la fin du dialogue avec la discussion sur les positions, p. 134-137).

Dans un monde en quête d'apparences, comme le Neveu le représente, *Moi* montre que l'échec de *Lui* est normal : la solution n'est pas dans l'abandon à la sauvagerie sociale, mais dans la retraite volontaire que suggère l'image de Diogène présente au début (p. 16) comme à la fin du dialogue (p. 134-136).

Enfin, le Philosophe permet de donner un sens au dialogue : en représentant le plan de l'idée, face à Rameau qui symbolise en quelque sorte la contingence [1], il situe véritablement le débat. *Moi* comme *Lui* tentent de sauvegarder leur liberté, l'un par le retrait volontaire, l'autre par l'abandon aux pulsions du monde. L'un comme l'autre échoue parce qu'il ne tient compte que d'une face de la réalité : la solution si elle existe ne passe ni par la philosophie, ni par le cynisme, du moins à l'état pur.

- *Diderot*, Moi *et* Lui

Si, comme Jean Fabre a raison de le penser, *Le neveu de Rameau* « répond à un besoin intérieur » de Diderot, il convient de s'attacher plus profondément aux rapports de l'auteur avec ses deux personnages. La clé du dialogue passe obligatoirement par là.

Partant de cette nécessité, les commentateurs ont d'emblée affirmé que les deux interlocuteurs étaient les deux faces de Diderot auteur bicéphale. Jean Thomas prétend même que « jamais le jeu du dédoublement n'a été poussé plus loin que dans cet entretien entre deux interlocuteurs, dont chacun prête son personnage et sa voix à l'un des deux hommes qui étaient en Diderot [2] ». Dès lors il ne s'agit plus que de distribuer les rôles : l'un est bon, l'autre méchant; l'un moral, l'autre amoral... Qui triomphera ?

Le philosophe allemand Hegel (1770-1831) a ouvert la voie dans ce sens en opposant « la conscience noble » de *Moi* à « la conscience vile » de Rameau : dans cette nouvelle lutte du maître et de l'esclave, *Lui* sortirait vainqueur au terme d'une dialectique rigoureuse. Cette « lecture » a été reprise par certains critiques modernes comme Jean Fabre, Roger Laufer et Charly Guyot : ainsi, la conversation signifierait le triomphe d'un « Diderot qui n'est pas tout à fait celui que connurent, dans l'existence de tous les jours, ses contemporains [3] », d'un homme qui retrouverait dans son interlocuteur l'image « de ce compagnon de jeunesse et de bohème... qu'il a failli devenir, qu'il se félicite, mais aussi regrette parfois, de n'être pas devenu [4] ».

1. Caractère de ce qui peut se produire ou non, être ou ne pas être, de ce qui est soumis au hasard. Contraire de « nécessité ».
2. Jean Thomas, « Diderot » in *Histoire des Littératures*, t. 3, Paris, Encycl. de la Pléiade, p. 739.
3. Charly Guyot, *op. cit.*, p. 75.
4. Jean Fabre, *op. cit.*, p. LXVI.

D'un autre côté, la critique marxiste s'est efforcée, à juste titre, de montrer qu'il ne fallait pas trop vite réduire l'autonomie de chacun des interlocuteurs : Roland Desné fait à ce propos remarquer que confondre *Lui* et *Moi* sous les traits uniques de l'écrivain c'est d'abord ne pas « s'en tenir au texte », et négliger ensuite une caractéristique de la pensée de Diderot qu'il appelle « l'ouverture à autrui [1] ».

Dès lors, le rapport dialectique s'inverse : *Moi* devient le porte-parole d'une avant-garde intellectuelle militante que vient heurter le Neveu, symbole d'opposition aux progrès de la Raison : « Rameau, l'ombre qui éblouit la lumière », est aussi l'annonce de l'écroulement d'un monde fondé sur l'exploitation et le déshonneur.

Pour notre part, nous pensons qu'il convient de rejeter l'explication qui conclut à la victoire de *Lui* : l'analyse de la structure (p. 33-40) nous a conduit à voir, sinon un triomphe de *Moi*, du moins l'écroulement complet du Neveu; il semble donc qu'il faille nuancer l'exégèse marxiste : le sens de l'œuvre apparaîtrait alors en creux, négativement, sans conclure sur une quelconque victoire. Le stade final du *Neveu de Rameau* marquerait une étape importance dans l'élucidation personnelle de Diderot : rejetant les chimères et le cynisme qui le tentèrent naguère, il verrait se profiler un ordre nouveau, empruntant ses cadres au monde ancien, mais dialectiquement tourné vers l'avenir.

Finalement, le dialogue de Diderot est bien de ces *œuvres ouvertes* qui trouvent avec chaque lecteur plus de raison d'exister : « Il n'a pas de conclusion parce qu'il ne peut pas en avoir; c'est à la vie, à l'histoire, à la postérité qu'il appartiendra de trancher [2]. »

---

1. Roland Desné, in *Entretiens sur le neveu de Rameau*, Paris, Nizet, p. 264.
2. Roland Desné, « Introduction » au *Neveu de Rameau*, Club du livre progressiste.

# 8 | L'art du dialogue dans « Le neveu de Rameau »

Bien qu'il ne réponde pas aux normes traditionnelles du roman, *Le neveu de Rameau* passe pour la plus grande réussite de Diderot en la matière. Cependant, l'aspect essentiel de l'œuvre étant constitué par un échange de propos, c'est à celui-ci qu'il convient de s'attacher afin de distinguer dans la conversation les divers « styles » et niveaux de langage des interlocuteurs.

L'attitude de Diderot à l'égard de l'écriture, tant romanesque que dramatique, se fonde sur le réalisme sentimental : loin d'accorder la première place à la psychologie (comme le faisaient par exemple Marivaux et même Prévost), Diderot s'attache à peindre les « conditions » banales d'une vie dont les menus détails lui paraissent plus révélateurs du caractère des personnages qu'une longue description vue de l'extérieur. En un certain sens, Diderot annonce par son réalisme le roman balzacien [1] bâti sur une psychologie dynamique. Le style de Diderot est donc nécessairement grossissant : il lui faut trouver le détail frappant, caractéristique d'un ensemble, la situation type contenant en germe une multitude de possibilités : c'est, comme le prétend Henri Coulet, « un art de la totalité ».

1. Voir sur Diderot romancier le chapitre consacré à l'auteur par Henri Coulet in *Le Roman jusqu'à la Révolution*, tome 1, Paris, A. Colin, 1967, p. 496-516.

# LES ÉLÉMENTS DU DIALOGUE

La difficulté fondamentale du dialogue réside dans la nécessité de distinguer les interlocuteurs par des traits pertinents de langage. De ce point de vue, plusieurs points méritent d'être soulignés : chacun des deux personnages étant fortement individualisé, et cela par le seul secours de la conversation, c'est dans les propos eux-mêmes que résident les éléments distinctifs de *Moi* et de *Lui*.

### • *Les niveaux de langage*

Une telle étude s'impose par les propos mêmes de Rameau (p. 121) : « Si je savais m'énoncer comme vous ! Mais j'ai un diable de ramage saugrenu, moitié des gens du monde et des lettres, moitié de la halle. » Se fondant sur cette affirmation, Michel Launay a cru pouvoir distinguer dans *Le neveu* cinq « niveaux » de langage :

| | | | |
|---|---|---|---|
| 1. | Il y a le langage | « bas » ou « grossier » | } « de la halle » |
| 2. | — | « populaire » | |
| 3. | — | « familier » | |
| 4. | — | « mondain » ou de la | } « des gens du |
| | — | « bonne compagnie » | monde et des |
| 5. | — | « lettré » ou « savant » | lettres [1] » |

Les niveaux 1 et 2 sont les points d'appui du « ramage » de *Lui*, les plans 4 et 5 fournissent les propos de *Moi* ; quant au seuil intermédiaire, tout en étant parfois utilisé par les deux interlocuteurs, c'est avant tout lui qui domine dans les passages narrés.

En effet, ceux-ci se distinguent nettement des propos de *Moi* par leur ton, si bien qu'ils justifient ainsi la présence d'un narrateur extérieur aux deux héros. Le vocabulaire de Diderot-narrateur est plus familier que celui de Diderot-*Moi* : lorsque le premier parle de « pousse-bois » (p. 14) le second rectifie par « joueur d'échecs », de même que le terme de « courtisane » (p. 136) sied mieux au Philosophe que les « catins » (p. 11) qui peuplent l'esprit du promeneur du Palais-Royal... Le Neveu de son côté use volontiers d'un vocabulaire

---

1. Michel Launay, in *Entretiens...*, p. 68.

que le narrateur qualifie de « familier » (p. 71) et qui devient rapidement bas sinon vulgaire. Parmi les principaux registres de *Lui*, il faut souligner la fréquence des propos scatologiques (p. 32-33, 37, 63, 89, 138-139), érotiques et ripailleurs qui servent à ancrer dans la réalité les comparaisons du personnage. Michel Launay a justement fait remarquer que tous les termes de Rameau trahissaient chez lui, non seulement des origines populaires et des fréquentations peu reluisantes, mais révélaient également le caractère enfantin du héros (voir p. 86) : il suffit de se reporter aux tournures nombreuses de conversation familière qui parsèment les propos de *Lui* (p. 15, 33, 53, 83...) sans oublier la gamme des jurons (« pardieu » et « mordieu », « maudit » et « diable ») pour voir se dessiner la figure du « plus insolent maroufle » que la terre ait engendré.

### ● Les tons : humour et ironie

Dès le prologue, nous sommes avertis : Rameau n'est pas un personnage d'une pièce; il se présente comme un « composé » et le narrateur en vient à distinguer deux grandes oppositions au sein de son interlocuteur : « la hauteur et la bassesse » (p. 12), la tristesse et la gaieté (*ibid.*).

Au couple hauteur/bassesse se rattachent toutes les conversations sur la morale et la vie sociale qui rythment l'échange des deux interlocuteurs; il se subdivise lui-même en une myriade de paires secondaires qui viennent renforcer la tonalité fondamentale : on relève ainsi, dans le domaine de la dignité, l'opposition « insolent » (p. 55, 81-82)/« rampant » (p. 65-66, 131); dans le domaine du paraître social, l'antithèse du « mépris » (p. 33) et du « ridicule » (p. 81-3)..., autant d'attitudes qui ne peuvent que « brouiller » les réactions de *Moi* et du lecteur. Ce mélange des tons réussit à donner une force vitale au dialogue dans la mesure où il installe les deux interlocuteurs dans une opposition qui dépasse cette fois-ci le plan de l'intelligence pour s'attaquer à la réalité même des personnages.

De même, l'attitude de chacun des deux héros à l'égard de son opposant révèle-t-elle une différence fondamentale de leur tempérament : *Lui* trouve dans l'éclat de rire une parade à ses déboires. C'est avant tout une défense du personnage pour lui-même, un rire intérieur poussé haut mais sans but extérieur précis (p. 88). De son côté, le rire de *Moi* n'a pas cette franchise que donne un spectacle amusant : s'il rit, c'est dans un pincement (p. 109) qui marque bien les hésitations et la gêne du Philosophe devant cet interlocuteur qui dérange ses habitudes de penser.

### • Les rythmes narratifs et oratoires

Loin de faire parler ses personnages dans un style hyper-littéraire ou académique, Diderot a su conserver à son dialogue le rythme varié et mouvant de la conversation. Tantôt il accélère le rythme des propos, tantôt il tend au contraire à ralentir l'échange au profit de longues tirades.

Pour marquer le décousu apparent de la joute oratoire, l'auteur use fréquemment de phrases elliptiques, d'exclamations (« Assommer, Monsieur, assommer ! », p. 22), d'affirmations rapides (« Il est vrai », « Vous avez raison », « A merveille ») qui enchaînent les propos en renvoyant la balle dans le camp adverse.

Tout au contraire, les questions perfides introduisent les développements les plus longs pour permettre au récit de faire une montée lyrique qui s'achève immanquablement sur une pantomime de Rameau.

## LES PANTOMIMES

La pantomime entrait dans le système dramatique de Diderot. Son rôle a été longuement défini dans les écrits théoriques consacrés au théâtre (voir Annexes p. 71) et il n'est pas question ici de sa fonction. Trois remarques principales méritent de retenir l'attention dans l'expression des pantomimes :

- l'attaque est toujours rapportée par l'intermédiaire d'un verbe ou d'une locution (« se mettre dans l'attitude », « sembler », « imiter »...) qui marque, à l'origine, le décalage entre le réel et l'artificiel du spectacle ;

- la description de la pantomime se fait par le truchement de nombreux verbes qui tendent à mimer le rythme saccadé des positions prises par le Neveu. Cette vivacité de l'artiste qu'épouse le style est encore soulignée par les relais du type « tantôt... tantôt » ou « successivement » ;

- enfin, les pantomimes ne s'intercalent pas dans le discours, mais elles se *superposent* à lui ainsi que le soulignent les remarques de *Moi* : « En même temps... » (p. 38), « Je l'écoutais ; et à mesure qu'il faisait... » (p. 35), « Ce qu'il y a de plaisant, c'est que, tandis que je lui tenais ce discours... » (p. 31)...

Le style même des pantomimes révèle ainsi leur caractère profond : ce ne sont pas de simples apartés, mais des éléments constitutifs du dialogue dont elles épousent les termes au point que l'imitation tend à devenir à la fin une nouvelle réalité. Rameau, qui échoue par la parole, est bien de cette race qui « excelle à jouer tous les caractères » sans posséder lui-même « un accord qui lui soit propre » (*Paradoxe sur le comédien*).

Il serait vain de vouloir conclure sur une œuvre qui ne se referme pas. Pourtant, au terme d'une lecture, une certitude domine les multiples contradictions du dialogue : *Le neveu de Rameau* est avant tout une œuvre d'art géniale. Au-delà des idées, derrière le philosophe et le psychologue qui « posent les problèmes », c'est l'écrivain qui demeure le plus proche de nous. L'apparente désinvolture à l'égard du genre romanesque suffirait à rendre Diderot sympathique aux yeux de nos contemporains si soucieux de remettre en question les formes mêmes de l'écriture.

Mais la grande réussite est incontestablement dans l'impression de mouvement qui naît des répliques de cette « tranche de vie [1] ». Plus que le roman, le style parlé du récit donne à l'entretien une spontanéité inconnue du théâtre d'alors. C'est pourquoi Diderot s'est refusé à situer son entretien sur une scène qui eût enfermé dans un carcan rigoureux la générosité expressive de ses personnages. Seule la conception souple de l'art dramatique contemporain pouvait permettre au *Neveu de Rameau* d'avoir une existence scénique. La « transposition » de M. Pierre Fresnay en 1964 [2] montra le modernisme de l'œuvre, mais ne parvint qu'incomplètement à en rendre la richesse. Si le personnage de Rameau se trouvait en quelque sorte fidèlement reflété, celui de *Moi* sombrait dans l'effacement : il n'était plus qu'un confident misérable, un spectateur passif des folies de son interlocuteur. L'esprit de l'œuvre se trouvait ainsi orienté alors même que Diderot prenait soin de ne pas trancher. Aussi brillante fût-elle, l'entreprise de M. Fresnay était en elle-même un commentaire de l'œuvre (et le brillant comédien qu'il est ne pouvait que tirer le dialogue du côté de Rameau) et signifiait que la seule forme acceptable pour respecter la volonté de Diderot était le dialogue écrit lui-même.

1. *Journal* des Goncourt, 11 avril 1858.
2. Au Théâtre de la Michodière, avec P. Fresnay *(Lui)* et J. Bertaut *(Moi)*.

# Annexes

## ▶ « Le neveu de Rameau » face à la critique

La prodigieuse histoire du *Neveu* a suscité un intérêt particulièrement marqué de la part des commentateurs qui se sont attachés aux multiples questions que soulève ce petit volume, tant dans son contenu que dans son histoire. Nous ne retiendrons pas ces derniers qui n'apportent guère à la connaissance de l'œuvre et à sa compréhension pour nous attarder plus spécialement sur quelques « lectures » modernes de la satire.

**1.** Contrairement à la critique actuelle qui, reprenant les propos de Goethe, s'attache à découvrir les « structures » du *Neveu*, Sainte-Beuve loue la verve diderotesque exempte de toute véritable organisation :

> « On a fort vanté *Le neveu de Rameau*. Goethe, toujours plein d'une conception et d'une ordonnance supérieures, a essayé d'y trouver un dessein, une composition, une moralité : j'avoue qu'il m'est difficile d'y saisir cette élévation de but et ce lien. J'y trouve mille idées hardies, profondes, vraies peut-être, folles et libertines souvent, une contradiction si faible qu'elle semble une complicité entre les deux personnages, un hasard perpétuel, et nulle conclusion ou, qui pis est, une impression finale équivoque. »
>
> (*Causeries du Lundi*, 1851.)

**2.** Les critiques de la fin du XIXᵉ siècle ont souvent méconnu Diderot, ou tout au moins l'ont jugé en fonction de critères moraux préétablis et traditionalistes. D'où la tendance à ramener le Neveu à un « caractère » manière La Bruyère (Faguet) façonné par un « cynique qui se joue de la naïveté des bonnes âmes » (Brunetière) mais connaît l'art de graver « une excentrique et puissante figure » (Lanson).

**3.** Avec l'édition de M. Jean Fabre s'ouvre l'ère des lectures compréhensives de Diderot. A qui sait chercher, il n'existe guère de problèmes que le commentateur laisse dans l'ombre. Il faudrait citer l'ensemble de sa volumineuse préface pour se rendre compte du fourmillement des notations qui toutes peuvent fournir un point de départ à l'analyse poussée d'un domaine particulier. A plusieurs reprises, M. Fabre revient sur une idée qui lui paraît fondamentale : l'union de l'homme à son œuvre, qui seule permet de ne pas faire de contresens sur le dialogue lui-même :

> « Il est rare de voir un écrivain s'engager si profondément dans une œuvre qui a toute la gratuité d'un jeu. Mais n'est-ce pas ce caractère de divertissement pur qui permit à Diderot de se libérer de la tyrannie pharisienne de son personnage officiel, ou même des impasses où risquait de l'enfermer sa logique de philosophe. Conçu dans l'illumination d'une rencontre en avril 1761, prenant forme, lentement peut-être, dans l'inconscient, rédigé, sans doute, mais à l'état d'esquisse ou de canevas, dès 1762, puis à maintes reprises relu, enrichi, refait même, [...] *Le neveu de Rameau*, domaine secret de Diderot, lui a servi, pendant tout ce temps, de récréation, mais aux deux sens du terme : se récréer et se re-créer. »
>
> (Introduction, *éd. citée*, p. LXIII.)

**4.** Charly Guyot s'intéresse à l'envoûtement du Philosophe par son interlocuteur, et cherche les raisons qui ont pu pousser Diderot à se mirer dans la figure du bohème Rameau :

> « Quand il réfléchissait sur sa vie, sur les contradictions irréductibles de son matérialisme théorique et de sa morale vertueuse, il devait lui advenir de souhaiter être « constamment » l'un de ces « hommes libres » qu'il ne se sentait être que par « secousses ». En créant le personnage du neveu, il se donne un interlocuteur qui n'est pas destiné à lui dire plus clairement, plus nettement, ce qu'il pense et ce qu'il approuve ; mais au contraire à lui faire sentir, de la manière la plus aiguë, les compromissions où l'entraîne sa morale sentimentale et médiocre, à lui faire entendre, par l'absurde et la dérision, que rien ici-bas ne s'égale à l'épanouissement total d'une personnalité créatrice. »
>
> (*Diderot par lui-même*, Collection Écrivains de toujours, 1953, Éditions du Seuil, p. 74.)

**5.** De son côté, Herbert Dieckmann voit dans cette communion de l'écrivain et de son personnage la source du « réalisme » romanesque du *Neveu de Rameau* :

> « Diderot comprenait beaucoup mieux que ses contemporains le Neveu parce que ses idées rejoignaient dans une certaine mesure la vie et les actions du Neveu. Nous avons ici l'une des sources du réalisme de Diderot. Diderot n'est pas auteur réaliste parce qu'il *copie* des personnages réels et vivants ; il les *comprend* dans leur réalité et leur matérialité, car ils sont en lui à l'état d'idées. Aussi ne décrit-il point ces personnages ; il les crée dans et par le dialogue. Ses personnages se manifestent et se réalisent par la parole. »

> > (*Cinq leçons sur Diderot.*)

**6.** Roland Desné, qui a donné une remarquable analyse critique de l'ouvrage, recherche la véritable signification du dialogue en s'appuyant sur les « forces sociales » du moment : il fournit un excellent exemple de ce que la critique marxiste peut rendre lorsqu'elle s'attaque avec intelligence à un texte :

> « Face au monde des corrompus existe le monde de la philosophie. C'est la rencontre, le heurt de ces deux mondes qui donne au dialogue entre *Lui* et *Moi* sa véritable portée. [...] Il ne peut exister aucune commune mesure, sinon en rhétorique très formelle, entre ces deux mondes. Que le terme commode de dialogue, admis par la critique, ne fasse pas illusion. Il ne s'agit pas pour nos deux interlocuteurs de rechercher une vérité commune moyenne, d'établir je ne sais quel compromis, mais au contraire de justifier de part et d'autre un style de vie, une morale pratique délibérément choisie. »

Plus explicite, le critique en arrive finalement à distinguer chez les deux interlocuteurs « un matérialisme philosophique et un matérialisme vulgaire » qui différencie « ceux qui ont un idéal et ceux qui n'en ont pas et n'en auront jamais ».

> > (Article de la revue *Europe*, p. 182 et 191.)

**7.** Analysant le « cynisme » de Rameau, Raymond Jean en vient à développer une curieuse, mais éclairante comparaison entre l'attitude parasitaire de *Lui* et les héros de Sade ; même besoin fondamental, semble-t-il :

> « Il n'est donc pas étonnant que ce personnage, par son non-conformisme systématique, son goût de la fausse note et,

plus simplement, son inépuisable fantaisie, suscite sans cesse le désordre, la gêne et le malaise. De même que l'érotisme de Sade exprime une révolte contre un ordre social donné, les faits et gestes du neveu de Rameau traduisent un comportement délibérément, agressivement antisocial. Diderot le sait et c'est avec une insistance drôle, certes, mais parfois aussi volontairement déplaisante qu'il propose, impose, exhibe littéralement son personnage, nous le jetant à la figure comme un sarcasme, nous en infligeant avec une allégresse de mauvais aloi le contact physique et moral. Il est en tout cas parfaitement conscient de la part de défi que cela comporte : « Il avouait les vices qu'il avait, que les autres ont ; mais il n'était pas hypocrite. Il n'était ni plus ni moins abominable qu'eux, il était seulement plus franc, plus conséquent et quelquefois plus profond dans sa dépravation. » Peu de passages du roman sont aussi révélateurs d'une certaine forme de sadisme que celui où l'on voit le neveu de Rameau expliquer comment il entend faire sentir à son fils l'importance de l' « or » dans les choses de la vie. »

(*La Littérature et le Réel*, éd. Albin Michel.)

**8.** A partir de « l'unité de caractère » (p. 95) prisée par Rameau, Jean-Louis Leutrat tente de saisir l'existence littéraire du personnage :

« Cette notion pré-balzacienne d'unité de caractère [...] prouve de la part de Diderot le pressentiment d'un besoin fondamental au roman pour faire vivre en profondeur un personnage. Mais Rameau se définit par son aptitude à se métamorphoser. Le Neveu est multiple ; l'unité de son personnage est au-delà de cette métamorphose involontaire, dans cet art de métamorphose volontaire que constituent les pantomimes, - d'ailleurs à moitié voulues puisqu'elles proviennent d'un instinct qui jaillit et prend forme. Le Neveu devient une manière de créateur. »

(*Diderot*, p. 73.)

# ▶ Rameau vu par Louis-Sébastien Mercier

Nous proposons ci-dessous un extrait du *Tableau de Paris* dans lequel le dramaturge Louis-Sébastien Mercier (1740-1814) trace un portrait physique et moral de « l'original » rencontré par Diderot au Café de la Régence. La comparaison avec le héros du Philosophe montrera la supériorité d'écriture du *Neveu de Rameau* et l'impression de vie, de puissance et de « présence » que procure le dialogue.

« Je ne comprenais rien à la grande renommée de Rameau : il m'a semblé depuis que je n'avais pas alors un si grand tort...

J'avais connu son neveu, moitié abbé, moitié laïque, qui vivait dans les Cafés, et qui réduisait à la mastication tous les prodiges de valeur, toutes les opérations du génie, tous les dévouements de l'héroïsme, enfin tout ce que l'on faisait de grand dans le monde. Selon lui, tout cela n'avait d'autre but ni d'autre résultat que de placer quelque chose sous la dent.

Il prêchait cette doctrine avec un geste expressif, et un mouvement de mâchoire très pittoresque ; et quand on parlait d'un beau poème, d'une grande action, d'un édit : « Tout cela » disait-il « depuis le maréchal de France jusqu'au savetier, et depuis Voltaire jusqu'à Chabane ou Chabanon [1], se fait indubitablement pour avoir de quoi mettre dans la bouche, et accomplir les lois de la mastication. »

Un jour, dans la conversation, il me dit : « Mon oncle musicien est un grand homme, mais mon père violon est un plus grand homme que lui ; vous allez en juger : c'était lui qui savait mettre sous la dent ! Je vivais dans la maison paternelle avec beaucoup d'insouciance, car j'ai toujours été fort peu curieux de sentineller l'avenir ; j'avais vingt-deux ans révolus, lorsque mon père entra dans ma chambre et me dit :
- Combien de temps veux-tu vivre encore ainsi, lâche et fainéant ? Il y a deux années que j'attends de tes œuvres. Sais-tu qu'à l'âge de vingt ans j'étais pendu, et que j'avais un état ? Comme j'étais fort jovial, je répondis à mon père :
- C'est un état que d'être pendu ; mais comment fûtes-vous pendu, et encore mon père ?
- Écoute, me dit-il, j'étais soldat et maraudeur ; le grand prévôt me saisit et me fit accrocher à un arbre ; une petite pluie empêcha la corde de glisser comme il faut, ou plutôt comme il ne fallait pas ; le bourreau m'avait laissé ma chemise, parce qu'elle était trouée. Des housards passèrent, ne me prirent pas

1. Médiocres poètes du siècle.

encore ma chemise parce qu'elle ne valait rien, mais d'un coup de sabre ils coupèrent ma corde, et je tombai sur la terre; elle était humide : la fraîcheur réveilla mes esprits. Je courus en chemise vers un bourg voisin, j'entrai dans une taverne et je dis à la femme : « Ne vous effrayez pas de me voir en chemise, j'ai mon bagage derrière moi; vous saurez... Je ne vous demande qu'une plume, de l'encre, quatre feuilles de papier, un pain d'un sou et une chopine de vin. » Ma chemise trouée disposa sans doute la femme de la taverne à la commisération. J'écrivis sur les quatre feuilles de papier : *Aujourd'hui grand spectacle donné par le fameux Italien; les premières places à six sous, et les secondes places à trois. Tout le monde entrera en payant.* Je me retranchai derrière une tapisserie, je coupai ma chemise en morceaux, j'empruntai un violon; j'en fis cinq marionnettes que j'avais barbouillées avec de l'encre et un peu de mon sang; et me voilà tour à tour à faire parler mes marionnettes, à chanter et à jouer du violon derrière ma tapisserie.

J'avais préludé en donnant à mon violon un son extraordinaire. Le spectateur accourut, la salle fut pleine. L'odeur de la cuisine, qui n'était pas éloignée, me donna de nouvelles forces; la faim, qui jadis inspira Horace, sut inspirer ton père. Pendant une semaine entière je donnai deux représentations par jour, et sur l'affiche, point de *relâche*. Je sortis de la taverne avec une casaque, trois chemises, des souliers et des bas, et assez d'argent pour gagner la frontière. Un petit enrouement, occasionné par la pendaison, avait disparu totalement, de sorte que l'étranger admira ma voix sonore. Tu vois que j'étais illustre à vingt ans, et que j'avais un état; tu en as vingt-deux, tu as une chemise neuve sur le corps; voilà douze francs, sors de chez moi. »

Ainsi me congédia mon père. Vous avouerez qu'il y avait plus loin de sortir de là que de faire *Dardanus* ou *Castor et Pollux* [1]. Depuis ce temps-là je vois tous les hommes coupant leurs chemises selon leur génie, et jouant des marionnettes en public, le tout pour remplir leur bouche. La mastication, selon moi, est le vrai résultat des choses les plus rares de ce monde. Le neveu de Rameau, plein de sa doctrine, fit des extravagances et écrivit au ministre, pour avoir de quoi mastiquer, comme étant fils et neveu de deux grands hommes. Le S. Florentin, qui, comme on sait, avait un art tout particulier pour se débarrasser des gens, le fit enfermer d'un tour de main, comme un fou incommode, et depuis ce temps je n'en ai point entendu parler.

---

1. Deux des plus célèbres opéras de Rameau le Grand.

Ce neveu de Rameau, le jour de ses noces, avait loué toutes les veilleuses de Paris, à un écu par tête, et il s'avança ainsi au milieu d'elles, tenant son épouse sous le bras : « Vous êtes la vertu » disait-il « mais j'ai voulu qu'elle fût relevée encore par les ombres qui l'environnent... »

On remarquera sans peine les traits amalgamés et accentués par Diderot pour styliser son héros et l'on appréciera comment l'anecdote de « la mastication » s'est élargie dans son personnage à une véritable esthétique philosophique.

# ▶ Diderot et la pantomime

Les passages suivants sont extraits du chapitre XXI du *Discours de la poésie dramatique* (1758) consacré au rôle de la pantomime dans l'œuvre théâtrale et dans le roman.

## 1. Nécessité de la pantomime

Il faut écrire la pantomime toutes les fois qu'elle fait tableau; qu'elle donne de l'énergie ou de la clarté au discours; qu'elle lie le dialogue; qu'elle caractérise; qu'elle consiste dans un jeu délicat qui ne se devine pas; qu'elle tient lieu de réponse, et presque toujours au commencement des scènes.

Elle est tellement essentielle, que de deux pièces composées, l'une eu égard à la pantomime, et l'autre sans cela, la facture sera si diverse, que celle où la pantomime aura été considérée comme partie du drame, ne se jouera pas sans pantomime; et que celle où la pantomime aura été négligée, ne se pourra pantomimer. On ne l'ôtera point dans la représentation au poème qui l'aura, et on ne la donnera point au poème qui ne l'aura pas. C'est elle qui fixera la longueur des scènes, et qui colorera tout le drame.

Molière n'a pas dédaigné de l'écrire, c'est tout dire.

## 2. Pantomime et romanesque

C'est la peinture des mouvements qui charme, surtout dans les romans domestiques. Voyez avec quelle complaisance l'auteur [1] de *Paméla*, de *Grandisson* et de *Clarisse* s'y arrête! Voyez quel sens, quelle force, quel pathétique elle donne à son discours! Je vois le personnage; soit qu'il parle, soit qu'il se taise, je le vois; et son action m'affecte plus que ses paroles.

## 3. Exemples

Si un poète a mis sur la scène Oreste et Pylade, se disputant la mort, et qu'il ait réservé pour ce moment l'approche des Euménides [2], dans quel effroi ne me jettera-t-il pas, si les idées d'Oreste se troublent peu à peu, à mesure qu'il raisonne avec

---

1. Il s'agit du romancier anglais Richardson (1689-1761) que Diderot admirait.
2. Déesses chargées de punir les meurtriers que Racine a peintes à la fin d'*Andromaque* sous les traits des « serpents qui sifflent sur vos têtes ».

son ami; si ses yeux s'égarent, s'il cherche autour de lui, s'il s'arrête, s'il continue de parler, s'il s'arrête encore, si le désordre de son action et de son discours s'accroît; si les Furies s'emparent de lui et le tourmentent; s'il succombe sous la violence du tourment; s'il en est renversé par terre, si Pylade le relève, l'appuie, et lui essuie de sa main le visage et la bouche; si le malheureux fils de Clytemnestre reste un moment dans un état d'agonie et de mort; si, entrouvrant ensuite les paupières, et semblable à un homme qui revient d'une léthargie profonde, sentant les bras de son ami qui le soutiennent et qui le pressent, il lui dit, en penchant la tête de son côté, et d'une voix éteinte : « Pylade, est-ce à toi de mourir? », quel effet cette pantomime ne produira-t-elle pas? Y aura-t-il quelque discours au monde qui m'affecte autant que l'action de Pylade relevant Oreste abattu, et lui essuyant de sa main le visage et la bouche? Séparez ici la pantomime du discours, et vous tuerez l'un et l'autre. Le poète qui aura imaginé cette scène aura surtout montré du génie, en réservant, pour ce moment, les fureurs d'Oreste. L'argument qu'Oreste tire de sa situation est sans réponse.

# ▶ L'affaire Bertin-Hus
## d'après la correspondance

L'histoire de la rupture de la comédienne d'avec le financier, qui occupe une longue place anecdotique dans *Le neveu de Rameau*, se trouve relatée en maints passages de la correspondance. Nous citons un long extrait d'une lettre adressée à Sophie Volland le 12 septembre 1761 :

[...] Comme je finissais hier la lettre que je vous écrivis, arriva l'abbé de La Porte, ami du directeur des eaux de Passy, qui nous raconta les détails suivants de l'aventure de Bertin et de la petite Hus. Mais je suis bien maussade aujourd'hui pour entamer une chose aussi gaie. N'importe, quand vous l'aurez lue, vous fermerez ma lettre, et vous en ferez de vous-même un meilleur récit.

M. Bertin a une maisonnette de cinquante à soixante mille francs à Passy; c'est là qu'il va passer la belle saison avec Madselle Hus.

Cette maison est tout à côté des vieilles eaux. Le maître de ces eaux est un jeune homme, beau, bien fait, leste d'action et de propos, ayant de l'esprit et du jargon, fréquentant le monde et en possédant à fond les manières. Il s'appelle Vieillard. Il y avait environ dix-huit mois que l'équitable Madselle Hus avait rendu justice dans son cœur aux charmes de Mr. Vieillard, et que Mr. Vieillard avait rendu justice dans le sien aux charmes de Madselle Hus. Dans les commencements, Mr. Bertin était enchanté d'avoir Mr. Vieillard. Dans la suite, il devint froid avec lui, puis impoli, puis insolent; ensuite, il lui fit fermer sa porte; ensuite, insulter par ses gens. Mr. Vieillard aimait et patientait.

Il y eut avant-hier huit jours que Mr. Bertin s'éloigna de Madselle Hus sur les dix heures du matin. Pour aller de Passy à Paris, il faut passer sous les fenêtres de Mr. Vieillard. Celui-ci ne s'est pas plus tôt assuré que son rival est au pied de la montagne, qu'il sort de chez lui, s'approche de la maison qu'habite Madselle Hus, la trouve ouverte, entre et monte à l'appartement de sa bien-aimée. A peine est-il entré que toutes les portes de la maison se ferment sur lui. Mr. Vieillard et Madselle Hus dînèrent ensemble; le temps passe vite; il était quatre heures du soir qu'ils ne s'étaient pas encore dit toutes les choses douces qu'ils avaient retenues depuis un temps infini que la jalousie les tenait séparés. Ils entendent le bruit d'un carrosse qui s'arrête sous les fenêtres. Ils soupçonnent qui ce peut être. Pour s'en assurer, Vieillard s'échappe par une garde-robe et grimpe par un escalier dérobé au haut d'un belvédère qui couronne la maison. De là il voit avec effroi descendre Bertin de sa voiture. Il se précipite à travers le petit escalier; il avertit la petite Hus et remonte. Il sortait par une porte et Bertin entrait par une autre.

Le voilà à son belvédère, et Bertin assis chez Madselle Hus. Il l'embrasse; il lui parle de ce qu'il a fait, de ce qu'il fera. Pas le moindre signe d'altération sur son visage. Elle l'embrasse, elle lui parle de l'emploi de son temps, et du plaisir qu'elle a de le revoir quelques heures plus tôt qu'elle ne l'attendait. Même assurance, même tranquillité de sa part. Une heure, deux heures, trois heures se passent. Bertin propose un piquet. La petite Hus l'accepte. Cependant l'homme du belvédère profite de l'obscurité pour descendre et s'adresser à toutes les portes, qu'il trouve toujours fermées. Il examine s'il n'y aurait pas moyen de franchir les murs. Aucun, sans risquer de se briser une ou deux jambes. Il regagne sa demeure aérienne.

Madselle Hus de son côté a de quart d'heure en quart d'heure des petits besoins. Elle sort, elle va de son belvédère dans la cour, cherchant une issue à son prisonnier sans la trouver. Bertin voit tout cela sans rien dire. Le piquet s'achève. Le souper sonne. On sert. On soupe. Après souper, on cause. Après avoir causé jusqu'à minuit, on se retire, le Bertin chez lui, Madselle Hus chez elle. Le Bertin dort ou paraît dormir profondément. La petite Hus descend, va dans les offices, charge sur des assiettes tout ce qui lui tombe sur la main, sert un mauvais souper à son ami qui se morfondait au haut du belvédère, d'où il descend dans son appartement. Après souper on délibère sur ce qu'on fera. La fin de la délibération, ce fut de se coucher pour achever de se communiquer ce qu'on pouvait encore avoir à se dire.

Ils se couchent donc. Mais comme il y avait un peu plus d'inconvénient pour Mr. Vieillard à se lever une heure trop tard qu'une heure trop tôt, il était tout habillé lorsque Mr. Bertin, qui avait apparemment fait la même réflexion, vint sur les huit heures frapper à la porte de Madselle Hus. Point de réponse. Il refrappe, on s'obstine à se taire. Il appelle, on n'entend pas. Il descend, et tandis qu'il descend, la garde-robe de Madselle Hus s'ouvre, et le Vieillard regrimpe au belvédère.

Pour cette fois, il y trouve en sentinelle deux laquais de son rival. Il les regarde sans s'étonner, et leur dit : « Eh bien! qu'est-ce qu'il y a ? Oui, c'est moi, pourquoi toutes les portes sont-elles fermées ? » Comme il achevait cette courte harangue, il entend du bruit sur les degrés au-dessous de lui. Il met l'épée à la main; il descend; il rencontre l'intendant de Mr. Bertin, accompagné d'un serrurier. Il présente la pointe de l'épée à la gorge du premier, en lui criant : « Descends, suis-moi et ouvre ou je te tue. » L'intendant, effrayé du discours et de la pointe qui le menaçait, oublie qu'il est sur un escalier, se renverse en arrière, tombe sur le serrurier et le culbute. L'intrépide Vieillard profite de leur chute, leur passe sur le ventre, saute le reste des degrés, arrive dans la cour, va à la principale porte où il trouve un petit groupe de femmes qui jasaient tout bas. Il leur crie d'une voix troublée, d'un œil hagard, et d'une épée qui lui vacillait entre les mains : « Qu'on m'ouvre! » Toutes ces femmes effarouchées se sauvent en poussant des cris. Vieillard aperçoit la grosse clef à la porte; il ouvre; le voilà dans la rue; et de la rue en deux sauts chez lui.

Deux heures après, on aperçut Bertin qui regagnait Paris dans sa voiture, et deux ou trois heures après, Madselle Hus, en fiacre, environnée de paquets, qui regagnait la grande ville; et le lendemain un fourgon qui transportait tous les débris d'un ménage. Il y avait quinze ans qu'ils vivaient ensemble. Bertin en avait eu une poussinière d'enfants. Ces enfants, une vieille passion, le tireront. Il suivra; il demandera à rentrer en grâce, et il sera exaucé pour dix mille écus. Voilà la gageure que je propose à quiconque voudra. [...]

# ▶ Thèmes de réflexion

On trouvera regroupés sous quatre grandes rubriques divers thèmes pouvant servir d'exposé oral ou de travail écrit. Pour certains, figurent quelques rapides orientations destinées à faciliter l'organisation d'un travail de développement plus poussé. Aucun thème d'ordre érudit ou anecdotique n'est proposé (ex. : les problèmes de chronologie dans la rédaction du *Neveu de Rameau*).

## La forme de l'œuvre

• Le rôle du dialogue dans *Le neveu de Rameau*.

(On pourra partir d'une remarque de H. Dieckmann : « La forme essentielle des romans de Diderot, ce n'est ni la description ni la narration, mais le dialogue dramatique » et s'attacher à montrer que la forme dialoguée est un besoin vital de l'écrivain, une technique remarquablement adaptée à la dialectique philosophique, enfin un élément artistique qui donne au récit sa raison d'exister.)

• En quoi *Le neveu de Rameau* se distingue-t-il du théâtre et du roman ?

## Les personnages

• Les contradictions de *Lui*.

(La complexité du Neveu tient à la fois aux multiples visages qu'il revêt - voir jugement 8 - mais également à la simultanéité des divers masques qu'il adopte. On aura donc intérêt à étudier Rameau de façon antithétique : est-ce un être moral ou un personnage a-moral, « moraliste pervers d'un monde réel » comme le prétend R. Desné ? Est-ce un « raté » ou un génie méconnu ? Sa liberté est-elle conciliable avec sa gueuserie ?...)

• Les rapports de Diderot avec ses personnages.

• *Moi* : son rôle, sa signification et ses attitudes.

### Le sens de l'œuvre

• Les problèmes moraux dans *Le neveu de Rameau*.

(Toute analyse d'un problème particulier dans le dialogue passe par l'étude des personnages : ici il conviendra de poser les deux attitudes de départ de *Moi* et de *Lui*, de suivre leur évolution pour enfin s'interroger sur les compromis, s'ils existent, qui ferment le récit.)

• Peut-on donner un sens au *Neveu de Rameau* ?

(Avant tout il importe de se demander si la question mérite d'être posée et si elle se justifie - voir jugements 4 et 6 - pour s'attacher ensuite à la résoudre en fonction de la structure même du dialogue, des personnages et des thèmes développés.)

### L'art

• Le réalisme du *Neveu de Rameau*.

(Pour poser le problème on pourra se servir de la réflexion d'H. Dieckmann au jugement 5. Le « réalisme » devra être abordé à la fois par le cadre dont on soulignera la présence momentanée - ex. p. 108 -, les événements rapportés, le personnage de Rameau lui-même... autant d'éléments qui permettent au lecteur de « vivre une journée en apparence très banale » selon l'expression de Jean Varloot.)

# ▶ Bibliographie critique

Par l'ensemble des sujets abordés, *Le neveu de Rameau* demande une connaissance, sinon approfondie de l'œuvre de Diderot, du moins une sérieuse pénétration de sa pensée. C'est pourquoi nous donnons ci-dessous une liste d'ouvrages étrangers au récit de Diderot, mais dont la lecture est fortement recommandée pour saisir la véritable signification des propos du Café de la Régence.

## I. Éditions du « Neveu de Rameau »

Pour toute étude sérieuse on se reportera à la magistrale édition critique de JEAN FABRE (Genève, Droz, 1950). Outre une substantielle introduction d'une centaine de pages, le texte est suivi de deux cents pages de notes historiques et philosophiques qui éclairent tous les aspects, même les plus rebelles, de la satire.

On pourra également se reporter à l'édition récente de ROLAND DESNÉ dans « les Classiques du Peuple » (Paris, Éd. Sociales, 1972).

Toutes les autres éditions du texte sont soit fautives, soit d'un médiocre intérêt.

## II. Autres textes de Diderot à consulter

On se reportera essentiellement à deux collections qui proposent un abondant choix d'ouvrages précédés de Préfaces utiles.

DIDEROT, Œuvres philosophiques ; œuvres esthétiques ; œuvres politiques (3 vol. présentés par Paul Vernière), Paris, Éditions Garnier.

DIDEROT, *Textes choisis* (5 vol.), Paris, Éditions Sociales, « les Classiques du Peuple ».

Enfin, on consultera la *Correspondance* de Diderot qu'a éditée GEORGES ROTH (Paris, Éditions de Minuit) et qui fournit nombre d'éclaircissements sur les multiples événements auxquels fait référence *Le neveu de Rameau*.

## III. Études sur l'œuvre et l'auteur

• *Études d'ensemble*

ANDRÉ BILLY, *Diderot*, Paris, Éditions de France, 1932. Ouvrage déjà ancien, mais dont la documentation demeure une des plus fournies jusqu'à ce jour. Il serait toutefois souhaitable que l'on possède un volume débarrassé de toutes les attaches lansoniennes pour que l'on retrouve un Diderot vivant, libéré des catégories fabriquées dans lequel on l'a souvent enfermé.

CHARLY GUYOT, *Diderot par lui-même*, Paris, Le Seuil, 1953.
Ouvrage sommaire qui présente cependant l'intérêt de s'attacher à des aspects moins célèbres de la pensée de Diderot. Lecture stimulante.

RENÉ POMEAU, *Diderot*, Paris, P.U.F., 1967.
Petit livre dense sur la pensée de Diderot ; contient une judicieuse anthologie thématique qui permet un survol rapide, mais exact, de la production ondoyante du philosophe.

JACQUES PROUST, *Diderot et l'Encyclopédie*, Paris, Albin Michel, 1963.
Étude qui délimite la part de Diderot dans l'ouvrage capital du Siècle des Lumières et offre un point précis de la cabale anti-philosophique dont les échos résonnent dans la conversation du *Neveu*.

JEAN-LOUIS LEUTRAT, *Diderot*, Paris, Éd. Universitaires, 1968.
Ouvrage succinct qui n'apporte pas grand-chose de nouveau, mais fait le point des connaissances actuelles sur l'écrivain. Bibliographie importante.

HENRI LEFEBVRE, *Diderot*, Paris, « Grandes figures d'Hier et d'Aujourd'hui », 1949.
Excellente documentation historique, utilisée avec beaucoup d'intelligence. Des lacunes dans les aspects proprement littéraires de l'œuvre. La démonstration très brillante a parfois le défaut de se heurter à une systématisation trop poussée.

Numéro spécial de la revue « *Europe* » (janv.-févr. 1963) avec des articles de Jean Fabre, C. Guyot, R. Desné, R. Mortier...

• *L'esthétique*

YVON BELAVAL, *L'Esthétique sans paradoxe de Diderot*, Paris, N.R.F., 1950.
Ouvrage capital, parfois brouillon, mais fourmillant d'idées neuves sur ce sujet capital de l'œuvre.

GEORGES SNYDERS, « Une révolution dans le goût musical du XVIIIe siècle », Paris, *Annales*, janv.-févr. 1963.
Substantiel article sur la conception musicale de Diderot qui permet une compréhension plus exacte de certains passages du *Neveu*.

• *La morale*

PIERRE HERMAND, *Les idées morales de Diderot*, Paris, Les

Belles Lettres, 1923. Livre riche en notations sur les rapports de la morale et de l'art dans l'œuvre de Diderot.

JEAN THOMAS, *L'Humanisme de Diderot*, Paris, Les Belles Lettres, 1933.
Un texte capital, malheureusement dépassé aujourd'hui, mais à consulter pour toute étude plus poussée dans le domaine de la morale.

## IV. Sur l'époque du « Neveu de Rameau »

Il serait utile de pouvoir consulter les journaux de l'époque, tels *l'Avant-Coureur* ou *Les Petites Affiches ;* on ne peut hélas s'y reporter que dans de très rares bibliothèques. A défaut on lira avec intérêt les extraits cités dans les études sur la presse de l'époque (par exemple F. Mitton, *la Presse française*, tome I). Mais le recueil le plus important pour l'arrière-plan est fourni par :

GRIMM, *Correspondance littéraire, philosophique et critique*, Paris, Garnier, 1877-1882.
Pour situer avec plus de précision le climat immédiat, on se référera à deux ouvrages capitaux et remarquables :

ROBERT MAUZI, *L'Idée du Bonheur au XVIIIᵉ siècle*, Paris, Armand Colin, 1965.

A. MONGLOND, *Le Pré-romantisme français*, Paris, Corti, 1966.

## V. Sur « Le neveu de Rameau »

JAMES DOOLITTLE, *Rameau's nephew*, Droz, 1960.
Étude originale. Met l'accent sur tous les points essentiels du *Neveu*. Non traduit.

DANIEL MORNET, *Le neveu de Rameau*, Les cours de Lettres, Éditions Montchrestien. Ouvrage dépassé pour l'analyse littéraire. A lire comme complément historique. Très vivant.

La revue *Diderot's Studies* (Droz, Genève) fait le point dans chaque numéro depuis 1949 sur certains aspects de l'œuvre de Diderot. Voici les articles concernant *Le neveu* (à consulter pour une étude approfondie) :
- M. SEDEN, *Jean-François Rameau and Diderot's Nephew* (t. I, p. 143-191).
- OTIS FELLOWS, *Le thème du génie dans le Neveu* (t. II, p. 168-179).
- G. MAY, *L'angoisse de l'échec et la genèse du Neveu* (t. III, p. 285-308).

*Imprimé en France*, par l'Imprimerie Hérissey à Évreux (Eure)
Dépôt légal : 11086 - février 1989 – N° d'impression : 47435